U0936318

珍藏本·增订本

纪念版

汉译世界学术名著丛书

论实证精神

〔法〕奥古斯特·孔德 著

黄建华 译

商务印书馆
SINCE 1897
The Commercial Press

Auguste Comte

DISCOURS

SUR

L'ESPRIT POSITIF

PAR

UNION GÉNÉRALE D'ÉDITIONS

PARIS 1963

根据出版总联合会巴黎 1963 年版译出

汉译世界学术名著丛书（120 年纪念版·珍藏本）增订本出版说明

2017 年 10 月，为纪念商务印书馆创立 120 周年，本馆推出“汉译世界学术名著丛书”(120 年纪念版·珍藏本)，计七百种。近五六年来，仰赖学界同人倾力支持，订正旧译，增补新译，拓展新著，积累日多。为满足读者需要，本馆在七百种的基础上，继续推出“汉译世界学术名著丛书”(120 年纪念版·珍藏本·增订本)三百种。至此，“汉译世界学术名著丛书”累计出版已达千种。

今后，本馆将继续推进丛书的翻译出版工作，在积累单本名著的基础上陆续分辑刊行，汇印出版。为促进中外文明互鉴、推动我国学术发展，使“汉译世界学术名著丛书”这项对我国学术文化有基本建设意义的重大工程发挥更大作用，诚望海内外学术界、翻译界继续给予支持，帮助我们把这套丛书出得更好。

商务印书馆编辑部

2024 年 2 月

汉译世界学术名著丛书
（120 年纪念版·珍藏本）
出 版 说 明

2017 年 2 月 11 日，商务印书馆迎来 120 岁的生日。120 年前，商务印书馆前贤怀揣文化救国的理想，抱持“昌明教育，开启民智”的使命，立足本土，放眼寰宇，以出版为津梁，沟通中西，为中国、为世界提供最富智慧的思想文化成果。无论世事白云苍狗，潮流左右激荡，甚至战火硝烟弥漫，始终践行学术报国之志，无改初心。

逐译世界各国学术名著，即其一端。早在 20 世纪初年便出版《原富》《天演论》等影响至今的代表性著作，1950 年代后更致力于外国哲学和社会科学经典的译介，及至 1980 年代，辑为“汉译世界学术名著丛书”，汇涓为流，蔚为大观。丛书自 1981 年开始出版，历时三十余年，迄今已推出七百种，是我国现代出版史上规模最大、最为重要的学术翻译工程。

丛书所选之书，立场观点不囿于一派，学科领域不限于一门，皆为文明开启以来，各时代、各国家、各民族的思想与文化精粹，代表着人类已经到达过的精神境界。丛书系统译介世界学术经典，引领时代思想，为本土原创学术的发展提供丰富的文化滋养，为推动中国现代学术和现代化进程做出了突出的贡献。

为纪念商务印书馆成立120周年，我们整体推出“汉译世界学术名著丛书”120年纪念版的珍藏本，寄望既利于文化积累，又便于研读查考，同时向长期支持丛书出版的译者、编者和读者致以敬意。

两甲子后的今天，商务印书馆又站在了一个新的历史时间节点上。我们不仅要铭记先辈的身影和足迹，更须让我们的步伐充满新的时代精神。这是商务人代代相传的事业，更是与国家和民族的命运始终紧密相连的事业。我们责无旁贷，必须做好我们这代人的传承与创造，让我们的努力和成果不仅凝聚成民族文化的记忆，还能成为后来人可以接续的事业。唯此，才能不负前贤，无愧来者。

商务印书馆编辑部

2017年10月

出 版 说 明

奥古斯特·孔德(1798—1857)是实证主义创始人,也是最早提出“社会学”一词,并对社会学研究的对象、任务及其重要意义进行了探讨的人。他从巴黎综合工艺学校毕业后,主要从事哲学教学、研究和撰稿工作。他长期与法国著名空想社会主义者、社会改革家圣西门进行合作,并在其刊物上发表文章,因而深受后者的影响。他的主要著作有《实证哲学教程》(六卷)和《实证政治体系》,其他著作还有《科学等级》等等。

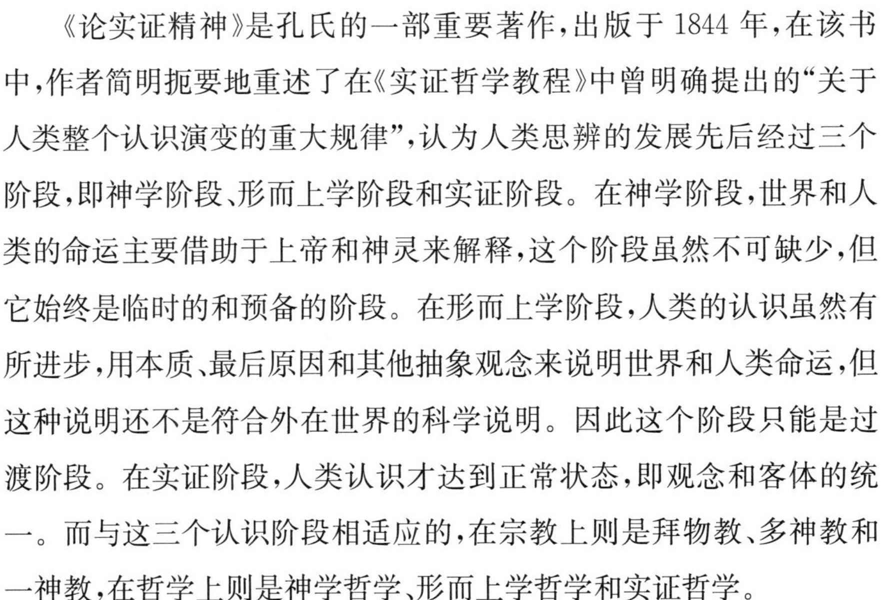

《论实证精神》是孔氏的一部重要著作,出版于1844年,在该书中,作者简明扼要地重述了在《实证哲学教程》中曾明确提出的“关于人类整个认识演变的重大规律”,认为人类思辨的发展先后经过三个阶段,即神学阶段、形而上学阶段和实证阶段。在神学阶段,世界和人类的命运主要借助于上帝和神灵来解释,这个阶段虽然不可缺少,但它始终是临时的和预备的阶段。在形而上学阶段,人类的认识虽然有所进步,用本质、最后原因和其他抽象观念来说明世界和人类命运,但这种说明还不是符合外在世界的科学说明。因此这个阶段只能是过渡阶段。在实证阶段,人类认识才达到正常状态,即观念和客体的统一。而与这三个认识阶段相适应的,在宗教上则是拜物教、多神教和一神教,在哲学上则是神学哲学、形而上学哲学和实证哲学。

据作者解释,就“实证”一词的词义而言,它包含四层意思,一是与虚幻对立的真实，二是与无用相对的有用，三是与犹疑对立的肯定，四是与模糊相对的精确。所谓实证精神，就是按照实证词义的要求对自然界和人类社会作审慎缜密的考察，以实证的、真实的事实为依据，找出其发展规律；所谓实证哲学，就是把实证精神推广到哲学研究上去。因此，这种实证主义与神学的神秘主义和经验主义不同，它不进行抽象推理，也不以感性经验作为判断事物的依据。它以真实事实为依据，既肯定过去，更重视现在，既承认精神，也承认物质，因而它能对过去和现在、精神和物质作出公正的评价，并能使观念与运动、进步与秩序得到基本的协调。

然而，作者认为，尽管实证主义精神有着它的许多优点，但是在现存政治制度的统治下，由于神学的余威，它仍未得到充分的发展和推广。为此，他要求在学校开设实证主义课程，举办实证主义讲习班，成立实证主义教育自由协会，对普通民众特别是工人群众进行实证主义教育，以便为精神重建准备物质基础，并为人们的精神解放创造条件。

综合以上所述，可以说本书基本阐述了孔氏的实证主义思想。就实质而论，这些思想无疑是属于资产阶级哲学思想体系的范畴，其中不乏主观唯心主义，用精神来解释客观世界。但是同时也应看到它所包含的历史主义观点，某些唯物的因素，观察问题的辩证方法，以及一定的进步倾向性。所有这些在当时都有着积极的意义。在《实证哲学教程》中译本出版之前，本书是研究孔氏实证主义的最好著作。

商务印书馆编辑部

1996 年 2 月

目　录

① 在原书中，附件目录与书内附件文章的标题存在不一致。——译注

论实证精神

关于真正哲学精神的性质及使命的基本见解；当前主要实证主义著作广泛传播所表现的极其重要的社会意义的简要评述；实证原则在天文科学中按照其真正百科地位的特殊应用。

一

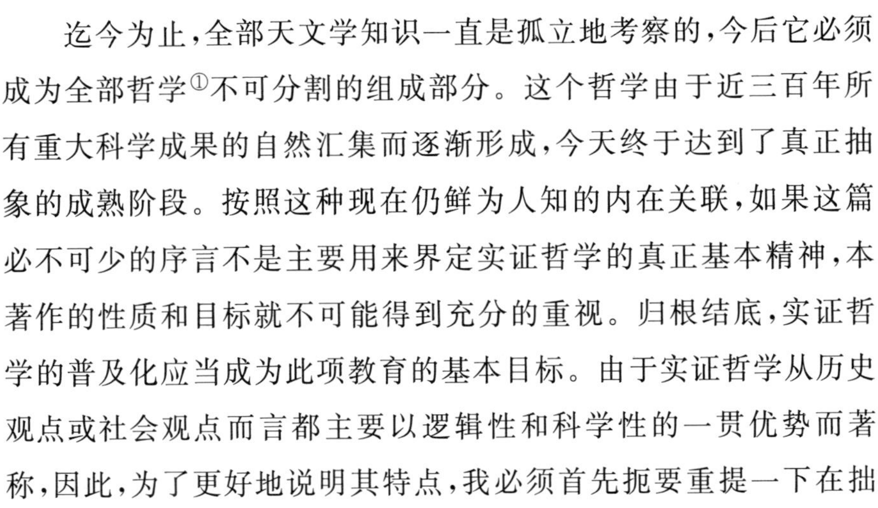

迄今为止，全部天文学知识一直是孤立地考察的，今后它必须成为全部哲学[①]不可分割的组成部分。这个哲学由于近三百年所有重大科学成果的自然汇集而逐渐形成，今天终于达到了真正抽象的成熟阶段。按照这种现在仍鲜为人知的内在关联，如果这篇必不可少的序言不是主要用来界定实证哲学的真正基本精神，本著作的性质和目标就不可能得到充分的重视。归根结底，实证哲学的普及化应当成为此项教育的基本目标。由于实证哲学从历史观点或社会观点而言都主要以逻辑性和科学性的一贯优势而著称，因此，为了更好地说明其特点，我必须首先扼要重提一下在拙

① “……我按照古人尤其是亚里士多德赋予此词的含义来使用‘哲学’一词，指的是人类观念的总体系”……孔德：《实证哲学教程》（1830 年）第一版的作者说明。——原注

著《实证哲学教程》中曾明确提出的关于人类整个认识演变的重大规律。而且,我们下面的天文学研究还将经常运用这一规律。

据此基本学说,我们所有的思辨,无论是个人的或是群体的,都不可避免地先后经历三个不同的理论阶段,通常称之为神学阶段、形而上学阶段和实证阶段。此种称谓足可以表明其性质,起码对于那些了解其真正普遍意义的人来说是如此。第一阶段,虽然从各方面来看都是不可缺少的,但今后应始终将其视为纯然是临时性的和预备的阶段。第二阶段,实际上只是解体性的变化阶段,仅仅包含单纯的过渡目标,由此便逐步通向第三阶段。最后这一阶段才是唯一完全正常的阶段,人类理性的定型体制的各个方面均寓于此阶段之中。

我们的一切思辨的第一次飞跃必然是神学性的。在此阶段中,我们全部思辨都本能地对那些最不可解决的问题、对那些最无法进行任何根本性探索的问题,表现出特殊的偏爱。由于反差作用,人类智慧就在那连最简单的科学问题尚未能解决的时代,便贪婪地、近乎偏执地去探求万物的本源,探索引起其注意的各种现象产生的基本原因(始因与终因)以及这些现象产生的基本方式,一句话,就是探求绝对的知识。这种反差,今天初看起来似乎不可解释,其实是与当时我们智力的最初的真实状况完全相符的。这种原始需要,就其可能得到满足的范围内,自然得到了满足,因为我们都有此倾向:拿我们自己所制造的现象与所有任何现象相比拟,从而将人类的模式到处移置。这样一来,我们凭借着对各种现象的即时直觉,便开始以为对这些现象有了相当的认识。此种纯粹的神学精神,是这最初阶段日趋系统发展的结果。我们眼下从最先进民族中所见的是其行将结束的最后历程。为了真正了解它，就不应该局限在这一历程之内来加以考察，那远不是最富于代表性的；而必须通观其整个自然进程，以便从依次为其所特有的三个主要形式来识别其基本特征。

最直接、最明显的形式就是拜物教本身，主要是将一种与我们基本类似的生命赋予一切外部物体，而外部物体的作用通常都较为强大，这生命也就总是具有更强的活力。早期神学阶段的最高程度以崇拜天体为特征；开始时，这个阶段与高等动物所达到的精神境界相差无几。虽然，这种神学哲学的初期形式在所有社会的智慧史中一再明显地见到，但今天只在构成人类的三大种族的少数人中才居于直接的支配地位。

第二个主要阶段是真正的多神教阶段，现代人常常将它与前一阶段混同起来。在这个阶段中，神学精神明显地代表想象力的自由空灵的思辨，而在此之前，本能和感觉曾在世人的理论中占据特别重要的地位。初期哲学，就其总的际遇所容许的范围内，经历了极其深刻的变化，终于不再把生命赋予实在的物体，而是神秘地将其转移至通常肉眼看不见的各种虚构的存在物上，而后者的不断有效介入，从此便成为一切人间现象的直接源泉。这一富于特色的阶段，今天人们重视不够。而要考察神学精神的话却主要在这个阶段上；神学精神在其间获得充分的均匀的发展，后来那就不可能了。从各方面来看，这段时期是它发展的高峰时期，无论精神和社会状态都是这样。今天人类的大多数尚未脱离这种状况，三大种族的大部分人依然如此，只有黑种人的精英、白种人的落后部分除外。

在神学的第三阶段，即名副其实的一神教阶段，初期的哲学不可避免地开始衰落。这种哲学长期保持着巨大的社会影响，虽然其影响不过是表面多于实在。从此，由于富有特色的简化进程的自发结果，初期哲学的精神迅速减退。在这一进程中，理性越来越限制想象的先前支配地位，同时，视一切自然现象必然服从于不变规律的普遍感觉则逐渐发展起来，原先这种感觉几乎是微不足道的。这种初期状态的最后模式，仍以极其多样的甚至彼此根本不相容的形式，存在于大多数白种人当中，尽管它们更易于观察，但今天个人定见本身却常常妨碍准确判断，因为缺乏与前面两个模式进行相对合理而且公平的比较。

不管这种探讨方式今天看来如何不完善，但重要的是将目前阶段人类精神状况与其原先各阶段的整个情况密切联系起来，同时适当承认这种方式在长时间内是必不可少的，也是不可避免的。我们这里只限于作单纯的理性评价，首先强调非本意的倾向是毫无必要的；即便在今天，一旦我们要直接探求某种现象出现的基本方式的玄机妙理，尤其是面对我们尚不知其真正规律的现象的时候，上述倾向就明显地把我们所有人引导到本质上是神学解释的方面去。于是，杰出的思想家也会发现自己趋于单纯拜物教的自然倾向，这时无知与某种明显的欲念就暂时结合在一起了。因此，一切神学解释在现代西方人当中之所以受到进一步的断然废弃，那仅仅是因为它所追求的神秘研究根本不为我们的智慧所接受而愈来愈被排斥之故；我们的智慧日益习惯于代之以更有效的、与我们的真正需要更相符的研究，而且一发而不可逆转。真正的哲学精神面对简单现象以及处理如碰撞基本理论那样的简易问题已经占了上风；而即便在这样的时候，每当人们试图追溯某一事件的始因的时候，马尔布朗什[①]的难忘例子还总是提醒人们必须求助于超自然作用直接而经常的介入。然而，另一方面，这种试图今天看来虽然似乎幼稚不过，但的确已成为决定人类思辨持续发展的早期的唯一方法，从而自然而然地使我们的智慧摆脱深度的恶性循环。在这一循环中，我们的智慧首先必然被两个同样迫切而却又根本对立的条件困住。因为，虽然现代人不得不明确宣布：除非有充分的适当观察作为辅助，不然就无法建立起任何坚实的理论，但同样不容置疑的是：如果缺乏某种既定的思辨观念作一贯的指引，那么人的才智就绝不可能组织甚至不可能收集必不可缺的材料。因此，这些原始观念显然只能出自于这么一种哲学，这种哲学就其性质来说，没有经过任何长期酝酿，而又是能接受的，简言之，它只是在直接本能的推动下就自发地产生的，虽然这种缺乏任何真实根据的思辨显得多么虚幻。这就是神学原则的独到之处。没有这些原则，人们就定会确信，我们的智慧永远无法摆脱最初的混沌状态，而唯有神学原则，通过对思辨活动的指引，才能够逐渐准备更为完善的逻辑体系。再者，这种基本倾向也因为人的智慧对不可解决的问题的特别偏好而得到大大地促进。原始哲学是特别追溯那些无法求解的问题的。我们只有充分运用自己的精神力量之后才能对其作出衡量并由此而明智地规定

① 马尔布朗什(1638—1715)，法国哲学家、神学家，笛卡儿哲学的热心推荐者。——译注

其使命。然而，这种不可或缺的运用，如无此类研究的强有力推动，则不可能加以确定，在自然功能最弱的方面尤其如此。而在研究当中，许多智力开发不足的人则仍然坚持对日常直接应用的问题寻求即时的全面答案。为了大大克服我们天生的惰性，甚至曾经需要长期求助于这种哲学自发地引起的强烈幻想，即关于人的能力可以随自己的意愿改变世界几乎是无所不能的幻想。当时的世界被理解为基本上按照适应人的用途而安排，而且任何重大规律都不能使之摆脱超自然力量至高无上的专横影响。仅仅三个世纪之前，在人类精英当中，星相学和炼金术的期望，即原始智力的最后科学遗迹才实际上不再用于逐日积累的相应观察上，正如开普勒①与贝托莱②所分别指出的那样。

如果本《论》的性质能让我充分说明社会的高度需要造成不可抗拒的影响，那么，上述各种智慧原由的决定性交汇作用就可以获得强有力的证实，而关于社会需要我已在本《论》开篇处提及的基本著作中作出过适当的评价。首先我们可以充分说明：神学精神对于道德观念与政治观念经常结合在一起是长期不可或缺的，特别是对于一切其他观念的结合更是如此，那或许是因为观念的高度复杂性，或者是由于相应的现象原先太不明显，只有在人类文明经过长期进步之后，才能获得具有明显特色的发展之故。一方面，人们承认古代人不遵从神学模式就无法对简单问题进行哲理探究，而另一方面却不承认，对于社会思辨也必

① 德国天文学家、占星家(1571—1630)，曾发现行星运动的三大定律。——译注

② 贝托莱(1748—1822)，法国化学家。——译注

然无可避免地要采用类似的模式，多神论者尤其不承认这一点。这是一种奇怪的自相矛盾，当代盲目批判的潮流对此是几乎不能原谅的。不过，此外还必须意识到，这种早期哲学对于我们社会性的初步发展也是必不可少的，对于我们的智慧发展亦然；或者是借以初步构成若干共通原则，无此则社会联系既不可能扩展也不可能稳定；或者是由此自发促进单一精神权威的建立，这在当时是有可能出现的；虽然上述情况我还不能在这里予以证实。

唯有神学哲学真正适应人类的童年时代。虽然这里对其临时性质和开拓使命所作的解释十分粗略，但仍然令人不难感到，这一早期模式，从各方面而言，都大大有别于我们即将看到的与精神成熟时期相适应的模式。由于二者差别太大，如无某种本质上起过渡作用的中介哲学不断相助，则不可能自然而然地逐渐从此阶段过渡到彼阶段。于是名副其实的形而上学状态便介入我们智慧的基本进化过程。这种进化与任何突变格格不入，因而能够令人不大觉察地发生在纯神学状态与全实证状态之间，虽然这种不明显的状况实质上更接近于前者而不是后者。在这种状态下，主要的思辨依然保留着习惯倾向于绝对知识的基本性质，只是解答办法有了明显变化，更宜于推动实证观念的发展。事实上形而上学也像神学那样，主要试图解释存在物的深刻本质和万事万物的起源和使命，并解释所有现象的基本产生方式。但形而上学并不运用真正的超自然因素，而是越来越以**实体**或人格化的抽象物代之，后者真正有特色的应用常常可以用**本体论**的名义称之。今天要观察这种哲理探究方式轻而易举不过。这种方式用于极其复杂的现象

仍然居于优势地位，每天都显示其悠久支配地位的许多重要痕迹，甚至连在最简单、最不发达的理论中也可见到。[1] 这些实体的历史效用直接归因于其不明显的性质：因为在每一形而上的存在物中（为相应物体所固有而又不与之混同），人可以随其意愿或是看到超自然力量的真正表现或是看到被考察现象单纯的抽象支配地位，视其是否更接近于神学状态抑或更接近于实证状态而定。这样，再不是纯粹的想象居于操纵地位，也不是实在的观察凌驾一切，而是推理获得充分的展开，并隐约地酝酿着真正的科学运作。再者，人们还应注意到：由于存在着热衷于推论而不是热衷于观察的顽固倾向，思辨的成分一开始就被过分夸大；形而上学精神，在所有方面，通常便都以这种倾向为其特征，即便在最杰出的人物当中也是如此。一套相当灵活的观念，全无神学体系所长期固有的稳定性，通过将各种不同的实体逐渐隶属于唯一的总实体——自然——之下，很快便达到相应的统一，而总实体的作用，是确定那隐约的普遍联系的微弱的形而上学等值物。那种联系来自于一神论。

尤其是在今天，为了更好地了解此种哲学机制的历史效用，重要的是必须承认：就其性质而言，它只能自发地进行精神方面尤其是社会方面的批判行动或摧毁行动，而绝不能建立任何属于自己

---

① 关于社会现象的几乎所有惯常解释，关于智慧的人与道德的人的大多数解释，我们大部分的生理学理论或医学理论，乃至好几种化学理论等等，还在径直令人回想起莫里哀以玩笑的口吻显示其特点的怪诞推论方式，没有任何严重的夸张之处，例如提及“鸦片安眠性能”的时候就是这样，这正符合笛卡儿给整个实体模式的决定性冲击。——原注

的东西。这种模棱两可的精神，根本上自相矛盾。它还保留着神学体系的全部基本原则，但却日益抽掉为其实际权威所必需的活力和稳定性。事实上，从各方面来说，它主要的短暂功用就寓于这样的劣质变化之中，而对于人类整个演变曾长期起进步作用的旧模式，不可避免地到了过度延长的程度；那旧模式硬要使人类的童年状态长存下去，而开始时它倒是作了成功的引导的。

因此，归根结底，形而上学实际上不过是受瓦解性简化冲击而变得软弱无力的一种神学，这自然而然使之失去阻碍实证观念专门发展的直接权威，而同时又令其保留着用以维持一定程度必须运用归纳的智力的临时能力，直至归纳的智力最后能获得进一步的充实为止。形而上学的或本体论的模式，根据其矛盾性质，一直面临着不可避免的抉择：要么趋向于徒劳无益地恢复神学状态以符合秩序条件；要么走向全然相反的状况以摆脱神学的高压控制。这种必然的摇摆，今天只见于最艰深的理论方面，从前连最简单的理论方面也都存在，只要其形而上学时期延续下去就会这样，因为这种探讨哲理的方式一向不具有组织的能力。要是公众理性长期以来没有把这种探讨哲理方式同某些基本观念分开，人们仍然可以不必害怕肯定：两千年前，这种探讨方式所引起的关于外物存在的荒诞疑问基本上依然会存留下去，因为这种方式确实从来没有以任何决定性的论据消除它们。因此，归根结底，我们可以把形而上学状态视作是一种慢性病，那是我们个人或集体从童年至成年的精神演变过程中自然固有的。

在现代人中，历史思辨几乎从未追溯至多神论时代以外，形而上学精神看来几乎与神学精神一样古老，因为它必然支配（尽管并

非以明显方式)从拜物教转向多神教的早期演变过程,从而代替纯粹的超自然作用。于是,超自然作用直接脱离每个具体物体,也就会自然而然地让某种相应的实体存在。然而由于这首次的神学革命当时并未引起任何真正争议,因此本体论精神的不断介入只有在下一轮革命中才开始变得那么富于特色,由是将多神论缩简为一神论,它也就成为一神论的天然工具。只要它依然受神学冲动的支配,它不断增长的影响最初看来是建设性的,但后来其基本上属破坏性的本质越来越明显地表露出来,此时它逐渐试图将神学的简化推进到超越于庸俗的一神论,后者才必然是初期哲学真正可能的最末阶段。这样,近五百年来,形而上学精神通过逐渐瓦解神学体系,消极地促进了近代文明的根本发展。中世纪末期,一神论体系的社会效能已基本衰竭,自此神学体系终于成为落后的东西。不幸的是,本体论概念的过长作用,在每一方面完成这种不可缺少的然而又是暂时的职能之后,总是趋向于阻止另一种思辨体系的真正建立,竟致于这种精神今天实际上成为妨碍真正哲学最后确立的凶险障碍,它依然常常独占哲学思考的优先权。

这一段必然的漫长开端最后把我们逐渐获得解放的智慧引导到最终的理性实证状态。这一状态理应比前面两个初阶状态获得更专门的说明。这样的预备性活动令人自发地看到初期哲学(无论神学的或形而上学的)固有的根本无用的含糊而武断的解释,自此以后,人类智慧便放弃追求绝对知识(那只适宜于人类的童年阶段),而把力量放在从此迅速发展起来的真实观察领域,这是真正能被接受而且切合实际需要的各门学识的唯一可能的基础。在此之前,思辨逻辑乃在于根据一些模糊的原则以或多或少的巧妙方式进行推论。那些模糊原则,不具备任何充分证据,向来引起毫无结果的争论。自此以后,思辨逻辑作为一项基本规则承认:凡是不能严格缩简为某个事实(特殊事实或普遍事实)简单陈述的任何命题都不可能具有实在的清晰含义。它使用的原则不外乎是真正的事实,只是更为普遍、更加抽象罢了。上述原则应该成为一般事实的纽带。况且,不论发现这些原则的方式如何,是推理的或是实验的,其科学效能总是在于与所观察的现象直接或间接相符。于是,纯粹的想象便无可挽回地失却从前的精神优势,而必然服从于观察,从而达到完全正常的逻辑状态,不过它依然在实证思辨中发挥关键的永不衰竭的作用,由此而建立或改善永久的或临时的联系手段。简言之,作为我们智慧成熟标志的根本革命,主要是在于处处以单纯的规律探求、即研究被观察现象之间存在的恒定关系,来代替无法认识的本义的起因。不管是微末的或重大的效应,不管是撞击或是重力,也无论是思想或道德,我们实际上只能了解它们形成的各种相互关系,而永远不会了解它们产生的奥秘。

我们的实证研究基本上应该归结为在一切方面对存在物作系统评价,并放弃探求其最早来源和终极目的,不仅如此,而且还应该领会到,这种对现象的研究,不能成为任何绝对的东西,而应该始终与我们的身体结构、我们的状况息息相关。在这两方面,人们由于承认我们各种思辨方法的必然缺陷,就看到我们非但不可能全面研究任何实有的存在,而且还不能肯定哪怕是肤浅地认识一切真实存在的可能性,也许我们并未掌握真实存在的主要部分。如果说,失去一个重要的感觉器官便足以根本感觉不到整整一类自然现象,反过来,那就很有理由地认为,有时获得一个新的感觉器官就可能令我们发现目前我们全然无知的一系列事物，除非可以这样设想：主要动物种类的各种不同感觉器官，在我们的机体中已进化到全面探索外部世界所要求的最高发展程度。这种设想显然并无根据，而且几乎是滑稽可笑的。没有任何科学有如天文学那样能够说明我们一切实在知识的必然的相对性质，因为考察现象只能凭唯一的感官进行；此器官去掉或单纯病变所带来的思辨后果是不难估量的。在一个盲人的种族那里不可能有任何天文学，不管设想该种族如何聪慧；无论是可能为数更多的暗黑星体的背面，还是我们透过大气去观察天体，到处都是一片阴霾。本《论》的整个教程将给我们提供经常的机会，以便我们自然而然地、毫不含糊地估量这种深刻的依存关系。在这种关系中，我们自身的整个条件，无论是内在的或外在的，都必然和我们每一项实证研究息息相关。

为了充分说明我们一切实在知识的必然相对性质，还必须按纯哲学观点作这样的理解：如果说我们的任何观念都应视作是人类现象，那么此类现象就不纯粹是个人的，而主要是社会的，因为它实际上从集体的持续演变而来，演变的一切因素和所有阶段基本上是互相关联的。因此，如果说，一方面人们承认，我们的思辨不得不一贯依赖我们个人存在的各种基本条件，那么，另一方面也应该承认，它也服从于整个社会进步情况，而绝不可能具有形而上学者所设想的绝对稳定性。然而，在这方面人类基本运动的普遍规律是：我们的理论愈来愈致力于准确表达我们一直探索的外界对象，而却未能在任何情况下充分估量每一对象的真正结构；科学的改进只能局限于我们各种实际需要所要求的理想极限。这第二种依存关系为实证思辨所固有,在天文学的整个研究过程中像第一种依存关系那样鲜明地表现出来,例如考察一下自天体几何学产生以来的一系列关于地球形状、行星轨道的形式等一定程度令人满意的概念便可知道。这样,虽然一方面科学学说必然带有相当的可改动性,应该可以排除任何追求绝对的奢望,但另一方面,学说的逐渐变化却不表明有任何随意性,而随意性是可能招致更危险的怀疑主义的。此外,每一次连续的变化都自然而然地在相应理论中保留着一种泛泛的能力,用以说明作为其理论基础的现象,起码当人们尚未超越有效精确性的最初阶段的时候是如此。

自从想象始终从属于观察被一致承认为任何健全科学思辨的首要基本条件以来,一种拙劣的解释常常导致滥用这一伟大的逻辑原则,使现实的科学蜕化为某种若干支离破碎事实的无谓堆砌,其主要功用仅仅是提供局部的精确性。因此,重要的是要好好领会这一点:归根结底,真正的实证精神与神秘主义[①]、也与经验主义相去甚远。它总得要在这两个同样有害的谬误当中走出自己的路来。此外,需要有这么一种并非轻而易举却又重要的持久审慎态度;按照我们开篇处的解释,这一需要足可以表明,为了能够脱离人类的初生状态;人们多么应该认真培养真正的实证精神。科学,实实在在寓于现象的诸规律之中;事实本身不管它是如何真实、众多,也只为科学提供必不可少的材料。然而,通过考察这些规律的恒常功用.我们可以毫不夸张地说:真正的科学,远非单凭

① 孔德通常将“神秘主义”与经验主义对称。后者可以这样说明其特征,即:拒绝运用受理智控制的想象。而“神秘主义”则不承认理智对想象的控制。——原注

观察而成，它总是趋向于尽可能避免直接探索，而代之以合理的预测，后者从各方面来说都构成实证精神的主要特性，正如整个天文学研究将会令我们清楚地感受到的那样。这样的预测，是不断发现现象之间的关系的必然结果，它绝不会把真正的科学与虚妄的**博学**混淆起来，后者机械地堆砌事实，却不想对此加以演绎推断。我们全部健康思辨的这一重大属性，对于思辨的自身尊严及其实际效用都一样重要；因为对已出现的现象的直接探索如果并不引导我们进行适当预测的话，是不足以令我们改变其实现的。因此，真正的实证精神主要在于**为了预测而观察**，根据自然规律不变的普遍信条，研究现状以便推断未来。

整个实证哲学的这一基本原则，还远远未充分推广到全部现象；幸而三个世纪以来，它已开始为大家熟悉，乃至由于原先根深蒂固的绝对化习惯，至今大家几乎始终不知其真正来源，而却根据虚妄而含混的形而上学推论，视之为一种与生俱来的观念或起码是原始的观念，而它肯定只能经集体和个人的漫长的逐步归纳而来。不仅没有任何不以外部考察为转移的理性原由给我们首先表明自然关系的不变性，而且相反，无可置疑的是：如果人类才智并未被其必然倾向所吸引，它在其漫长的童年阶段中，就有无视这种不变性的强烈倾向，甚至在公正观察已向其显示这种不变性的情况下仍然如此；而它的倾向总是把所有大小事件尤其是重要事件归之于随意而为所致。在每一类现象中，无疑都存在一些相当简单、相当熟悉的现象，以致对它们的自发观察总是引起关于存在某种次要规律的模糊而缺乏系统的感觉，因而纯神学的观点从来不可能具有严格的普遍意义。但是这种局部的不牢靠的信念长时间以来仅就为数不多的而且是次要的现象而言，此信念甚至不能使之不受因超自然因素大大介入而导致的经常性干扰。自然规律不变性原则，仅仅是在首批的真正科学著作对于整整一类重大现象能够显示其基本准确性的时候，才开始在哲学上实际取得一些稳定地位；这一点只有在多神论末期、数理天文学建立以后才能充分做到。根据这个系统的引论，通过类推法，这一基本信念无疑已趋向于向一些更为复杂的现象延伸，甚至这些现象的自身规律尚未为人知晓。但这种含糊的逻辑预测，除了并无实际效果之外，当时也没有多少能力去适当地抵御神学—形而上学幻想所维持的能动的精神优势。随后，对每一种主要类别的现象的自然规律，确定最初的专门草图，是为这一概念获得不可动摇的力量必不可少的，这在最先进科学方面已开始表达出来。只要这样的制作没有真正推广到所有的思辨上，这种信念就不可能变得相当坚定。这么一来，复杂的思辨所留下的犹疑不定就多多少少会影响其他的每一种思辨。人们不能无视这种隐秘的反作用，即便在今天，由于对社会学规律依然存在着惯常的无知，自然关系不变性原则有时还是受到严重的歪曲，乃至在纯数学的研究中亦复如此。例如，在这方面我们经常看到提倡所谓对运气的计算，这不言而喻地意味着：对于某些事件来说，并不存在任何真正规律，尤其有人干预的时候更是这样。但是，当普遍推广终于充分开始实现时（目前此条件在最先进的人士当中已经达到），这个伟大的哲学原则便立刻得到真正的发扬光大，虽然大部分特殊情况的实际规律在一段长时间内依然未必为人所知；因为这时出于不可抑制的类比，会将其中某些现象所呈现的规律应用到每一类别的所有现象上去，只要其大小程度相当。

经过考察与我们思辨外物有关的实证精神之后，还必须通过估量其内在使命从而最后说明其特点，借以不断满足我们自身的需要，不论是冥想生活或从业生活的需要。

尽管纯粹的精神需要在我们天生应有的一切需要中无疑是最没有力量的，但在一切智慧之士当中，直接而持久地存在这种需要是毋庸置疑的。它成为我们各种哲学探索必不可少的第一刺激。这种探索却往往主要归因于实践推动。诚然，实践大大发展哲学工作，但却不能使之产生。这种有关经常运用相应官能的智慧需要，正如其他需要一样，总是要求稳定性与活动性的巧妙配合，由此便产生秩序与进步或连贯与扩展二者的同时需要。在人类漫长的童年阶段，神学—形而上学观念，按照我们前面的解释，可以单独暂时满足上述两个基本条件，虽然其方式极不完善。但是当人类理智成熟到毫不犹豫地放弃不可企及的研究并把自己的活动明智地划定在我们的官能真正衡量得到的领域的时候，实证哲学则肯定能给这两种基本需要以更完全、在各方面也更实际的满足。从这个新角度来看，显然，实际上这是人类理智对各种现象发现规律的直接目的，也是与此不可分的合理预测的直接目的。在这方面，这些规律对于每一类事情都应分为两类，视它们的联系而定：是由于类似关系它们才同时存在的，抑或是由于隶属关系而相继而来的。这种必然的区分，就外部世界来说，基本上相当于存在与运动两种相关状态之间一向自然而然地给我们显示的区别。由此，举凡真正的科学，对任何研究对象都根本不在意去划分静态评价与动态评价。两种关系都有助于解释各种现象，而且同样促进对现象的预测，虽然协调规律似乎首先用于解释，而接替规律则用

于预测。实际上，无论是解释或预测，向来全都归结为联结关系：举凡在两个现象之间所发现的任何真正联系，不管静态或动态，都可以让人依次对现象作出解释或预测；因为科学预测显然适应现在，甚至适应过去，而且还适应将来；它是不断地按其与其他已有事物的关系而去认识一件事物，而不依赖直接的考察。例如，证明天体引力与地心吸力之间的类似，就促使人们根据前者的明显变化，预测后者的细微差异，而直接观察并不能充分揭示这一点，虽然后来还是证实了。同样，从相反方面来说，从前观察到涨潮基本周期与月圆日子之间的对应性，一旦认识到每一处的水位上升是月亮行经当地子午线的结果，这种现象也就得到了解释。因此我们全部的真正逻辑需要，基本上都集中到这种共同用途：在把我们各种观念组成连续性和均匀性时，以同样满足秩序与进步的同时需要的方式，通过我们的系统思辨，尽可能使我们的知性达到自发的统一，并使我们在变化状态中求得稳定。然而，显然易见的是，就此基本方面而言，对于有识之士来说，实证哲学必然包含一种大大高于神学—形而上学哲学所能提供的能力。即使就后者在精神方面与社会方面的发展高峰时期、亦即就多神论阶段来加以考察，智慧的协调统一也肯定不如日后实证精神全盛时所能达到的全面与稳定，那时，实证精神通常最终扩展到高级的思辨活动。于是，这种出色的逻辑结构便以不同方式、不同程度地处处居于支配地位，今天只要对其作简单研究就可以向我们提供一个正确的观念，其中的关联与外延，每一方都有充分保证，而且二者自发地保持着密切联系。此外，这一伟大的哲学成果无需其他必要条件，而只要求将我们的一切思辨持久地限定在真正可及的研究上，同时这些

实在的关系(类似性的或相继性的)本身对于我们来说只能是一般的单纯事实,必须坚持致力于将其缩简至最低数量;而按照实证精神的基本性质,事物出现的奥秘是决不可能渗透的。但是,我们唯一能真正衡量的是自然联系的这种有效的稳定,唯有它可以满足我们思考上或管理上的真正需要。

然而,必须原则上承认,在实证体系下,我们观念的和谐协调,由于在一定程度上受到现实的根本约束,因而必然存在局限,也就是说与一些不受我们左右的事物类型不尽相符。在盲目联系的本能作用下,我们的智慧几乎都希望始终能够把任何两个同时存在或相继出现的现象联系起来,但对外部世界的考察却相反地证明:许多这类关联纯属虚妄;一大堆事件接二连三地发生,而并没有任何真正的互相依存关系,因此这种必然的倾向也跟其他倾向一样,需要按照健全的全面衡量而加以调节。人类才智,在神学虚构与形而上学实体的支配下,长时间习惯于某种统一教理,不管这种教理如何含糊、如何虚幻;它在向实证状态过渡的时候,首先是力图将所有各类现象归结到一个单一的共同规律。但在最近两个世纪中为谋求对自然作通盘解释而进行的所有尝试所得的结果是,令人对这样的做法彻底失去信心,自此,只有智力低下的人才继续去做。对外部世界的合理探索表明,世界的连带关系比我们知性所设想或希望的松弛得多,而知性的自身弱点却令其大大增加有利于其进展,尤其是有利于其稳定的联系。我们在下面各种自然现象中所指出的六个基本范畴不仅肯定不能归属到单一的普遍规律,而且今天有理由肯定地说:许多真正的才智之士对于每一单独范畴所追求的统一解释,我们最后都无法接受,甚至就极其有限的领域而言也是这样。在这方面，天文学令人产生囿于经验的期望，对于更为复杂的现象，这种期望绝对不可能实现，不仅就严格的物理学来说是如此；物理学的五个主要学科[①]，虽然彼此有着无可置疑的联系，但各门学科的分界依然一清二楚。人们常常倾向于夸大这种必要的扩散在逻辑方面的缺陷，皆因对于从归纳转为演绎的实际好处并未有足够认识。然而，必须坦率承认，无法将一切都归结为唯一的实证规律，也是个重大缺陷，这是人类自身条件的必然结果，这个条件使我们不得不把十分微弱的智慧运用到极其复杂的宇宙上去。

但是，这种毋庸置疑的必然性并不妨碍真正的科学在另一方面具备充分的哲学统一性，它与神学或形而上学暂时达到的统一性相当，但在稳定性和全面性方面则大大高出一头。必须承认这种必然性，以免精神力量的白白耗费。为了领会其可能性及判断其性质，应该首先借助康德所提出的关于客观观点与主观观点总的明确区分。这两种观点被运用在任何研究上。在前一方面、即从作为真实世界的准确反映的我们的理论的外部用途来考虑，由于各种基本现象存在着不可避免的千差万别，我们的科学肯定无法达到全面的系统化。在这个意义上来说，我们应该只寻求从总体上考虑的实证方法的统一，而不企求真正科学上的统一，唯一渴望的是各种不同学说做到均衡而且趋向一致。在另一方面，即关于人文理论的内在源泉方面，情况就完全两样；人文理论是作为我们个人和集体的精神演进的自然结果来加以考察的，用于正常满

① 指重力学、热学、声学、光学、电学。——原注

足我们自身的某种需要。这样一来,我们的实在知识便不是与宇宙、而是与人或毋宁说与人类发生联系,这样的知识倒反而明显自发地趋向于科学上与逻辑上的全面系统化。归根到底,人们当时只应当设想一门单一的科学,即人文科学或更准确地说社会科学;我们的生命存在既构成其本源也成为其目标,对外部世界的理性研究自然融会于其中,它既作为必需的因素也作为主要的序幕;就方法和就学理而言都是不可或缺的。下面我会说明这一点。正是仅仅因为这样,我们的实证知识才有可能构成真正的体系,从而显示出令人十分满意的性质。天文学本身,虽然由于它极度单纯,客观上比自然哲学的其他学科都更完善,但也只有从人文角度来看才是这样的,因为本论著整体地清楚说明:如果人们不是让天文学与人发生联系而是与宇宙联结起来,那么它反而会被认为是非常不完善的,因为我们一切实在的探究都必然只局限于我们的天地,而这不过是宇宙中的一个小小元素,对于整个宇宙,我们基本上无法探索。这就是在真正的实证哲学中最终要占上风的总的局面,不仅直接关于人和社会的理论是如此,而且有关最简单、表面最远离平常衡量的现象亦复如此:我们的一切思辨构想为我们智慧的产物,用以满足我们的各种基本需要;与此同时,离开人又总是为了更好地回到人的方面去;而在此之前,先对必须知道的其他现象进行研究,为的是增进我们的力量,或是为了衡量我们的本性和境况。自此,人们可以察觉,人类占优势的观念,在实证状态下,怎样必然构成全面的精神系统,这起码相当于神学时代根据上帝的伟大观念最后构成的系统化。后来至形而上学的过渡阶段,上帝的观念在这方面少许被自然的模糊思想所取代。

这样，既然已经说明实证精神拥有构成我们知性最终统一的自发能力，也就不难通过从个体推广到群体而对此基础解释加以完善。这种必要的推广，至今对于现代哲学家来说，根本上是不可能的。他们本身并未能完全脱离形而上学状态，从未按社会观点来处事。然而唯有社会观点能够包含丰富的现实感，无论是科学方面或是逻辑方面都是如此，因为人并非在孤立状态下发展，而是在集体中发展的。由于把我们的心理学家或思想家的不正确抽象视作根本无用或毋宁说十分有害而加以排除，我们刚才在实证精神方面所估量的系统化倾向，最后便获得自己的全部重要意义，因为这种倾向表明其中人类社会性的真正哲学基础，起码取决于智慧水平；后者的重要影响虽然并非独一无二，但却是无可置疑的。事实上，要为每一个独立的知性造就逻辑上的统一或是在各不相同的知性之间建立持久的一致关系，这都是人类要解决的问题，困难程度有所不同而已。知性数量之多寡基本上只影响操作速度。因此，任何时候那个能够充分做到前后一致的人，根据我们群体的基本相似性，凭此就有能力去逐步团结他人。在人类童年阶段，神学的哲学是唯一能把社会加以系统化的，因为当时它是某种精神和谐的唯一源泉。因此，如果说逻辑一致性的优势今后必然转到实证精神方面(那是没有什么可置疑的)，那么由此也必须承认，它是造成认识广泛一致的实在的唯一源泉。认识一致是人类任何真正结合所必需的基础，这一结合又与其他两个基本条件有相应的联系：感情上的充分一致，利益上某种相通。今天人类精英之士的那种可怜的哲学状况足以令人无法就这方面进行任何讨论，因为人们看到，只是对一些已归结到实证理论之中的问题才有真正的

一致意见,而很可惜,这些问题都不是太重要的。此外,如果做一番直接的专门的衡量(此处不是地方),那就不难理解:唯有实证哲学可以渐次实现普遍联合的崇高设想;中世纪时天主教曾经过早地这样设想过,而正如经验所充分确认的那样,归根结底,这一设想与其哲学的神学性质必然是不相容的;神学哲学的逻辑一致性十分微弱,并不具备这样的社会效能。

自此,实证精神的基本能力,就其对思辨生活而言,已得到相当充分的说明,现在我们只须就其对实际生活的情况进行估量即可。实际生活,尽管在这方面不能显示它具有任何新的特性,但它却更完整、更鲜明地表现我们认为应归之于实证精神的品质。甚至从这一角度来看,神学观念在一段长时间内也是必需的,为的是凭着对某种无限统治的间接期待,借以激发和维持人的热情;虽则如此,不过在这方面人类才智还是首先显示它对真实知识的最终偏爱。对自然的实证研究今天开始受到普遍赏识,尤其是这种研究实际上正作为人类作用于外部世界的理性基础。归根结底,最明智的莫过于这种平常的、自发的判断,因为这样一种使命,当它受到相应重视的时候,必然通过巧妙的概括,呼唤产生真正哲学精神的一切伟大特性,就合理性与实证性方面来说都是如此。在每种实际情况下,产生于相应现象的全部规律的自然秩序,对我们来说,显然必须首先认识,这样我们就有可能加以改变使之有利于我们,或是如果人类无法进行任何干预的话,起码也可以使我们的行动与之相适应,比如对于天体的事件就是这样。此种应用法尤其适宜于使合理的预测成为熟悉的可估量的东西。我们看到,合理预测,从各方面来看,构成真正科学的主要特性;因为单纯的博学,其中虽有实在的知识，但杂乱无章；知识中只有各种事实而却不包含规律，显然这是不足以指导我们的行动的。这样一种提法没有什么可争议之处，看来这里不必再三强调了。诚然，现时对物质利益的极端重视常常使人错误理解这种必然的联系，从而危及科学前途，同时却倾向于将实证思辨仅仅局限在有直接效用的研究上。但是这种盲目的意向不外乎来自于对科学与工艺的伟大联系的错误而狭隘的理解方式上，原因是对这二者缺乏深刻的评价。在各种研究中，天文学的研究最适宜于纠正这种倾向，或许是因为它的高度单纯性令人更易掌握其整体，或许是由于相应的应用带有更深的自发性。二千年来，相应的应用显然与高超的思辨相关，正如本《论》明确指出的那样。不过，尤为重要的是，在这方面应当认真承认，迄今为止，科学与工艺[①]之间的关系，甚至在优秀的智者当中，也未得到恰如其分的理解，这是自然哲学推广不够的必然结果。此哲学依然与最重要、最困难的研究，即与直接涉及人类社会的研究无关。事实上，人对自然作用的合理观念仍然基本上局限在无机界中，由此而引起的是极不完全的科学推动力。当这一重大的缺陷获得充分弥补的时候（今天正开始这样做），人们就可以感受到这种伟大实践的使命何等至关重要，通常借此激发甚至用以更好地引导高超的思辨活动，只需在恒常实证状态的正常条件下进行即可。因为，那时的工艺不再仅仅是几何的、机械的或化学的等等，而尤其是政治的和道德的；人类所从事的主要活动，从各方面来看，应在全部现实规律所标明的范围内不断改善自身的性

① 这里“工艺”(art)一词含义很广，延伸至有机界及人类活动。——译注

质(个体的或集体的性质),如同在任何其他情况下一样。当科学与工艺这种自然而然的密切关系能够加以适当安排的时候,人们就可以相信:这种关系不但一点儿也不会妨碍健全的哲学思辨,而且相反,如果人们原先一般认识不到,不可能使工艺完全理性化,即不可能将我们的理论预测提到我们实际需要的真正水平上,那么这种关系倒可以赋予思辨以大大高于其实际作用最终职能。即便在最简单、最完善的工艺方面,直接、自发的发展也常常是必需的,在任何情况下,科学说明不能完全代替它。例如,不管我们的天文预测如何令人满意,但它的准确性仍然或者大概永远跟不上我们正当的实际要求,下面我要经常指出这一点。

在思辨生活与实在生活之间直接建立全面协调关系的自发倾向,最终应该视作是实证精神最可贵的优势,没有任何其他属性可以同样显示其真正性质并促进真正的升华。这样,我们的思辨热情,由于有了持续而强有力的激励,便得到维持,甚至还受到推动;没有激励,我们智慧的自然惰性就常常会令其倾向于以简易而不充分的解释,来满足自己微弱的理论需要,而终极行为的观念总是要求有足够精确的条件的。同时,这一伟大的实践使命,每每完善和限定有关发现自然规律的基本规定,倾向于按照应用的要求确定我们合理预测的精确度和广度;一般来说要用其他方式定出其准确尺度是不可能的。如果说,一方面,科学的完善不可能超越这一界限(相反,实际上总是处于这一界限之下),那么另一方面,它越过这一界限的话,就可能马上陷于繁琐、虚妄、徒劳无益的估算之中,而这最后甚至会危及真正科学的全部基础;因为我们的规律只能够大致地表达事物的现象,要将我们的研究推向此限度之外,那将是危险而无用的。当科学与工艺的根本联系得到恰如其分的系统化的时候，这一联系无疑有时会导致若干理论探索丧失信用，其探索毫无结果是不容置疑的。这一不可避免的情况，非但没有任何实际妨碍，而且这样一来还会真正大大有利于我们的思辨，使我们薄弱的精神力量免于无谓的消耗；而今天这种消耗常常是因为盲目的专门化所致。

在实证精神最初的发展阶段，它必然处处注意它能够接触到的随便任何问题，而不去探求这些问题因其与整体的固有关系而最终形成的重要性。这个整体当初是不可能被发现的。但这种暂时的本能，一旦实证状态达到完全成熟、足可以始终掌握每一部分与整体的真正本质关系的时候，就终于会习惯地服从于正确的系统判断，从而为高深的研究始终赋予广泛的使命，而同时避免任何幼稚的思辨。若无上述本能，科学就常常会缺乏适当的养分。

关于科学与工艺之间的这种内在的和谐，最后应当特别注意的是，因工业生活在现代文明中的自发结果而产生的良好倾向，足以发展和巩固健康哲学的社会影响。神学哲学实际上只适宜于初步社会性的特定时代（其时人类活动理应基本上是军事性的），由此逐步为正常、全面的联合作准备；据本人在其他著述中所提出的历史理论，这种联合开始是不可能的。多神论尤其符合古代的征服制度，而一神论则与中世纪的防卫组织相适应。现代的社会性使工业生活愈来愈占优势，它必然强有力地推动伟大的精神革命。今天这一革命正把我们的智慧最后从神学状态提高到实证状态。不仅如此，这种时刻要实际改善人的境遇的积极意向必然与宗教的考虑不可相容，后者总是涉及别的目的，在一神论阶段则更是这样。而且除此之外，这样的活动足以最终引起对任何神学哲学自发而彻底的全面抗拒。其实，从一方面来说，工业生活毕竟直接有悖于任何天命的乐观，因为它必然以此为前提，即：自然秩序并不完善，需要人类的不断干预；而从逻辑上来说，神学只求助于超自然力量的支持，而不承认其他变动办法。再者，这种与我们整个工业观念相联系的对抗，在我们进行活动的特定过程中，便不断以各种形式反复出现。我们在这个过程中必须这样看待外部世界：它并不受任何意志所支配，而是服从于能够令我们作出充分预见的规律，如无预见，我们的实践活动就缺乏任何理性基础。由此，这种基本关系便使工业生活有利于提高实证精神的哲学影响，而另一方面，正是这种关系使实证精神带上反神学的倾向，这种倾向强烈程度虽然有所不同，但迟早总会出现，不管圣职的智者如何不断下功夫去抑制或减轻早期哲学的反工业性质。只有武士生活才会与早期哲学充分协调。正是这种密切的连带关系，长期以来不知不觉地使现代人（即便最粗鲁、最顽固者）逐渐以完全实证的哲学取代古老的神学哲学，今后唯有后者才能享有真正的社会地位。

这样，我们就趋向于凭借最新的解释，最后完成对真正哲学精神的直接估量；这种解释，虽然主要是否定性的，但为了达到充分说明伟大的精神革新的性质和条件（精神革新是目前人类精英之士所必需的），今天实在不可缺少，同时还直接显示，实证观念与任何神学见解根本不相容，无论对一神论、多神论或拜物教都是这样。在本《论》中所申述的各种理由已经含蓄地说明，两种哲学不管就方法或学理方面来说，任何持久的调和都是不可能的事，因而关于这方面的任何狐疑都是可以轻而易举地消除的。毫无疑问，科学与神学最初不是公开对抗的，因为它们并不解决相同的问题。正因为这样，虽然神学精神的地位普遍提高，但长期以来，实证精神仍能获得部分的发展，而且在许多情况下，原先是受神学思想支配的。理性的实证，当初只局限于神学不屑于专门接触的卑微的数学研究，但当它开始扩展到直接研究自然，尤其是凭借天文理论进行研究的时候，由于二者科学上和逻辑上的根本差异，冲突虽未公开，但已变得无可避免；自此两种思想体系之间的反差逐步增大。按逻辑推论，科学完全不应过问本质上由神学去处理的神秘问题，而这种逻辑本身迟早会使一些仅仅因为人类理性不可及而必然加以排斥的思辨在一切思维健全的人士当中失去信用。此外，实证精神凭着明智的审慎去逐步处理一些简易的问题，而这种审慎想必间接地令人认识神学精神面对一些极为棘手问题的那种鲁莽的表现。然而，在大部分智者那里，两种哲学的不相容尤其是在学理方面表露出来，他们一般对单纯的方法上的分歧不大注意，虽然分歧十分严重，而且还是其他一切分歧的必然根源。不过，从这一新角度来看，我们也不能低估两种观念体系的根本对立。在这当中相同的现象有时归因于主宰的意志，有时则归结为不变的规律。举凡意志观念固有的变化不定，决不可能与真实关系的恒常稳定协调起来。因此，随着自然规律的被认识，超自然意志的支配范围便日渐缩小，过去它一向主要用于其规律尚未为人知晓的现象。当人们用理性预测去对照凭特殊默示而作的预言的时候，这种不相容性便直接显露出来；理性预测构成真正科学的主要品格，而靠默示的预言则是神学认为它所能提供的了解未来的唯一正当方法。诚然，到达完全成熟阶段的实证精神，也趋向于令意志

本身服从于真正的规律(其实一般理性已默认规律的存在),因为倘若不是这样,那些为改变和预测人类意愿的实际努力就没有任何基础。但是这样的观念决不导致将两种对抗的方式调和起来,科学和神学必然是按照各自的方式去了解各种现象的实际动向的。因为此类的预测以及由此而来的行动显然要对产生意愿的存在物具有真正的深刻认识。然而,这种事前的依据只能来自起码是相等的存在物,由此凭类似性而进行判断;我们不能从较低级的存在物的角度去设想这一点;性质越是不同,则矛盾越大。因此神学总是排斥任何洞察天意的意图,正如假设低级动物会有预见人类或其他高级动物的意愿的官能,那也是荒谬的。然而,如果最后硬要将神学精神与实证精神调和起来,人们就必然要陷入这种荒唐的假设中去。

从历史角度来考察,二者的根本对立(可适用于早期哲学的全部主要阶段)。就先进民族已经完全超越的各阶段而言,长期以来就受到普遍承认。甚至可以肯定地说,在这方面,由于一神论习惯而盲目引起的对前两个神学状态的极端轻蔑,人们对此二者的不相容性,是大大地夸大了。依次而来的人类的每一重大阶段,按照必然的模式,都有效地促进了我们的基本进化。健全的哲学,向来总要重视这种必然的模式。它将仔细地纠正那种妨碍任何真正历史理论的不公平的偏见。不过,虽然多神论乃至拜物教开始时实际上推动了观察精神的自发发展,但是人们也必须承认,当人们逐渐感觉到自然关系的不变性、而且一旦这种感觉能够获得某种一贯稳定性的时候,多神论和拜物教和这种感觉实际上是不可能相容的。因此人们应当理解这种不可避免的对立,把它视为越来越缩小神学哲学的影响、从而不断令其瓦解的多种多样变化的主要深层原因。关于这方面，此处要对本《论》卷首所作的必要解释作出补充说明。卷首处指出：上述的渐次瓦解曾特别归因于所谓形而上学状态，其实那只能是纯粹的工具，而绝不是真正的动力。的确，应当指出，实证精神由于缺乏普遍性（这想必是它发展缓慢而且不全面的特征），过去不可能适当地形成自己的哲学倾向，乃至最近几百年才勉强令人直接感觉出来。由此，便特别需要形而上学的介入，唯有它可以适当地系统概括新兴科学对古代神学的自发抗拒。不过，虽然这么一种功能必然令人过分夸大此过渡性精神的实际作用，但是这一点是不难认识的：只有真实知识的自然进展才能使其喧闹活动具有真正的持久性。开始时，这种不断的进展甚至实际上决定了从拜物教向多神论的演变，而后来则主要成为多神论转变为一神论的基本源泉。冲突大概主要通过天文学理论表现出来。本论著给我提供了自然的机会去说明天文学理论发展的确切程度；实际上，多神论模式无可挽回的精神衰落应当归因于天文学理论的发展；我们将会承认多神论模式与泰勒斯[①]学派所确立的数理天文学理所当然地互不相容。

对这么一种对立所作的理性研究清楚地表明：它不可能只局限于古代的神学，接着它还要延伸到一神论本身去，虽然由于自发的奇迹，随着神学精神不断衰退，其力量也必然日渐减弱。无疑，初期哲学这最末阶段比起先前各阶段来说，对实际知识发展的妨

① 古希腊哲学家、数学家、天文学家（公元前 624？—前 546?），相传曾准确预测过一次日蚀。——译注

碍要少得多，而知识也就不再每前进一步都遇到特别安排的超自然解释的危险对抗。因此，实证精神的初步进展，正是在一神论模式下完成的。然而，这种不相容性虽然不太明显而且来得较迟，但到头来依然不可避免，甚至出现在新哲学变得相当普遍之前；日后新哲学会推广起来，要具备真正建设性的特性，而且无论就其社会功能及其精神使命方面，都会不可逆转地取神学而代之。由于冲突主要还是通过天文学显示出来，我这里就来确切说明：不管什么向前发展的深刻变化都曾必然地把其根本对立一直延伸到单纯的一神论，而在此之前是只局限于真正的多神论的。这么一来，人们就会认识到：这种不可避免的影响来自于发现地球的双重运动，不久还来自于建立了天体力学。就人类理性目前的状态而言，可以肯定地说：长期有利于实际知识早期发展的一神论模式，现时正严重阻碍实际知识今后应走的系统化进程，同时也妨碍对自然规律不变性的基本感觉最终达到必需的完满的哲学高度。因为，那种持续感受到自然布局中突如其来的随意干扰的思想，总是与任何神学不可分的（即便已被压缩到最低限度），起码是潜在的不可分。事实上，这种障碍只有在神学精神完全被抛弃的情况下才有可能消除。倘若无此障碍，真实秩序的日常景象早已使人普遍赞同实证哲学的基本原则。

科学发展已足以令人直接衡量这种根本对立。在此之前的好几个世纪，形而上学的过渡性曾经在其隐蔽驱动下，力图在一神论的范围内限制神学的影响，同时在中世纪后期，随意提高著名经院学说的地位。后者令最高主宰的实际活动服从于不变规律，据说规律原来由其建立，而决不许加以改变。但是，这种神学原则与实证原则的自发妥协显然只能暂时存在，无非更促进一方不断衰落，推动另一方逐渐取胜。实证精神的影响范围，过去基本上只限于有教养的人士。因为只要信仰实际存在，民众的本能就总是要极力排斥这样的观念，它实际上力图解除神力而把它贬为超凡的惯性；这种神力把任何经常活动托付给形而上学的大实体，而大自然则作为肩负责任的执行者，始终参与全面治理；今后，大部分人的申诉与祈愿就得诉诸于这位执行者了。人们看到，在所有主要方面，这种观念与当今形势越来越趋奉的关于君主立宪制的观念十分相似。而这种类似决非偶然，因为神学的模式的确给政治模式提供了理性基础。这一矛盾的学说，正破坏着神学原则的社会效能，却又不认可实证原则的基本影响，它不可能适应任何真正正常而又持久的状态，而只作为形而上学精神最后的必然功能所固有的强有力的过渡手段。

最后，科学与神学的必然不相容也在另一种普遍形式下，尤其是在适应一神论状态下表现出来，越来越突出地显示了现存秩序的根本缺陷，因而有悖于信奉神意的必然的乐观主义。毫无疑问，这种乐观主义也曾长期与实证知识的自发发展相协调，因为对自然的初步分析，必然会处处引起对于构成实际秩序的主要现象的运行方式发出天真的赞叹。但是，这种早期的状况后来便趋于消失，而且会必然如此，这是因为实证精神具备越来越系统化的特性，逐步以存在条件的原则去代替终极原因的教条。前者在更高的程度上显示其全部逻辑属性，而不包含任何的严重科学风险。那时人们对此便不再感到惊讶：自然存在物的构造每每足以形成关于其自身的实际现象。为了更好地认识这种必然的和谐而对之加以仔细探究，随后终于看到了现存秩序在各方面都表现出极大缺陷。这种秩序在明智方面总是低于人类在其有限的范围内实行轻微介入而作的人为安排。越是涉及复杂现象，这种自然缺陷就越大；整个天文学就这个方面给我们提供的无可辩驳的明证，将会足以令人感觉到：这么一种估计多么需要以新的哲学力量，推广到实际科学的所有其他基本科目上去。但是关于这种批评，一般来说，尤其需要明白的是，它并非仅仅作为反神学的手段而带有临时使命。它还在思辨与行动之间的总关系上，以更密切、更持久的方式与实证哲学的基本精神联结在一起。如果说，一方面，我们经常的积极干预首先是基于对大自然安排的准确认识（从各方面来说，人为的安排只是对前者的逐步完善而已），那么另一方面，可以肯定地说，我们这样做也就意味着以自发秩序的必然缺陷为前提，而我们个人或集体的全部努力的日常目标，就是要逐步改善自发秩序。撇开一切临时的批评不提，今后对实际构成真实世界的各种缺陷的正确估量，应当被视为整个实证哲学固有的部分，即便就我们微弱的改进手段不可企及的方面也是这样。为的是更好地认识我们的基本条件以及我们持续活动的基本使命。

本《论》所提出的各种思考自然汇合到一点上，现在这就足以从所有主要方面说明真正哲学精神的特点；这种哲学精神，经过早期的漫长演变，今天已达到自成体系的程度。显然，此后我们不得不通常用一个简短的特定名字来称之；既然如此，我还是宁愿要“实证”的称谓：近三百年期间的全面培育，越来越使此称谓获得最能归纳其基本特征的宝贵属性。正如逐渐上升到哲学高度的所有术语一样，**实证**一词在我们西方语言里也有好几个不同含义，即便排除了首先存在于见识短浅者之中的粗俗意义也是这样。但是这里应当指出:所有不同含义都同样适合于新的全部哲学,各个含义都分别表示了新哲学的不同特性。因此,这种表面的歧异今后将不会引起任何的实际不便。相反,应当从这一出色的凝练格式中,看到一个主要榜样:在先进民族中,仅靠一个通用的说法,就归纳了好几个不同的属性,而此时大众的理性已经达到认识其恒常关系的程度。

首先,考虑到在其最古老、最通常的词义里,实证一词指的是真实,与虚幻相反;就这方面来说,它完全符合新的哲学精神;新哲学特征是一贯注重研究我们的智慧真正能及的事物,而总是撇开其童稚时期主要关心的无法渗透的神秘。在第二个含义上,与前面的含义相近,但并不相同,它表示有用与无用的对比;它在哲学上提示着,一切健全思辨的必然使命都是为了不断改善我们个人和集体的现实境况,而不是徒然满足那不结果实的好奇心。按第三个常用的含义,这个巧妙的词经常用于表示肯定与犹疑的对立。它也表明,这么一种哲学有着别具特色的能力,善于自发地在个体中建立合乎逻辑的和谐,在整个群体中促成精神的一致,而不像古老的精神状态,必然引起无穷的疑惑和无尽的争论。第四个通常的含义主要在于以精确对照模糊,它常常跟前一含义相混。精确的含义使人想起真正哲学精神的恒久倾向,即处处都要赢得与现象的性质相协调并符合我们真正需要所要求的精确度;而旧的推论方式则必然导致模糊的主张,那只有凭借基于超自然权威的经常强制才构成一个不可缺的科目。

最后,应当特别注意此词的第五种用法,它虽然具有同样的普

遍性,但不如其他含义常用;这时,人们把实证一词作为否定的反义词来用。从这方面来看,它表示着现代真正哲学的一个突出的属性,同时表明,就其性质来说,它的使命主要是组织,而不是破坏。我们刚才提到的四个一般特征,使之区别于初期哲学所固有的一切可能模式,无论神学模式或形而上学模式。最后一个含义表明新哲学精神的持久倾向,今天用来直接说明其主要区别点之一,具有特殊重要意义;这个区别不再是就神学精神而言(它长期以来就是建设性的),而是对所谓形而上学精神来说(它从来只能是批判性的)。事实上,不管实际科学的分解作用如何,这种影响在其本身始终纯然是间接性的而且是次要的:实证精神缺乏系统化的缺点一直妨碍它可能成为别的样子;现时落到它身上的重大的组织职能今后可能会与这一附带职能形成冲突,再说它也力图使之成为额外多余。诚然,健全的哲学彻底排斥一切必然无法解决的问题。不过,它提出排除理由的同时,却避免对这些问题作任何否定;这也许与系统的废弃相反,仅仅因为废置,一切实在毋庸争辩的见解都要慢慢消失掉。这种哲学,由于通常不偏不倚,对每一种见解都更公正,更能宽容,而其反对者是无法做到这一点的。它坚持从历史角度去衡量不同见解的各自影响、持续的条件以及衰落的缘由,决不作任何绝对的否定,即便涉及与优秀民族中人类理性现状极不相容的学说也是如此。正因为这样,它不仅十分公正地评价各种一神论体系(今天在我们中间正消亡的除外),而且对多神论信仰甚或拜物教信仰也都作出极为公正的评价,总是把它们与基本进化的相应阶段联系起来。再者,就学理方面来说,它明确主张:我们想象中的随便什么观念,当其性质令任何观察都必然无法触及的时候，那就不可能作出真正决定性的否定或肯定。无疑，没有任何人曾从逻辑上证明阿波罗、弥涅尔瓦[①]等神的不存在，也没有谁证明过东方仙子或各种诗歌人物的不存在；而当古代教条终于不再适应整个形势的时候，这却一点也不妨碍人类智慧毫无反顾地将其抛弃。

实证一词尚未直接表示的新哲学精神的唯一特性，它包括了到处由相对代替绝对的必然倾向。而这种符合科学与逻辑的重要属性，与实在知识的基本性质非常吻合，因而对它作总体考察很快就会跟这个用语所汇合的各方面含义紧密联系起来，那时候，现代的智慧模式（迄今为止，还是片面的和经验性的），通常都会过渡到系统状态。我们刚才评述的第五个含义尤其适宜于确定这最后提炼的新哲学语言；从此，根据两个属性的明显联系，新哲学语言便充分形成。事实上，人们了解到：神学或形而上学古老学说的绝对性质，必然导致它们各自对其他全部学说的否定，不然本身就沦为荒谬的折中主义。相反，新哲学正是凭其相对性能够始终重视与其严重对抗的理论的自身价值，然而却绝不做任何足以破坏其明晰观点或坚定判断的无谓让步。因此，根据这样专门的总体判断，的确有理由作如此推想：这里通常用以形容此决定性哲学的用词，今后对于所有有识之士而言，将表示其各种别具特色的属性全面而有效的结合。

当人们探求此种哲学研究方式的本源的时候，很快就会认识到，其基本自发性与人类理性的早期实际运用完全吻合。因为本

① 分别为太阳神和智慧女神。——译注

《论》所作的所有解释都清楚地表明:归根结底,其全部主要属性都与普遍良知的属性相同。尽管有粗浅的神学之精神影响,实际生活的日常行为面对每一类现象,总是会在若干特殊情况下,引起关于自然规律和相应预测的某种初步观念。当时那些情况似乎只是次要的或例外的。然而实际上这就是实证观念的必需的萌芽,它在长时间内仍是经验性的,然后才有可能成为理性的。重要的是要意识到:在所有基本方面,真正的哲学精神主要是将单纯的良知,系统地延伸到一切真正可及的思辨中去。它们的领域是完全相同的,因为健全哲学最重大的问题无处不与最普通的现象相联系,对此,人为状况只是一定程度不可或缺的预备阶段。二者有着相同的试验出发点、相同的联系与预测的目标,还有着对现实的相同的持久关注,对实用的最终的相同意愿。二者的全部主要区别在于一个坚持必要的抽象,具有系统的普遍性,而另一个则与之相反,一贯注重具体事物,有着条理欠周的专门性。

从学说的角度来考虑,这种基本关系表示本义的科学纯然是普遍智慧有系统的延续。因此,健全的哲学思辨,非但不会否定普遍智慧真正确认的事物,而且还应始终向普通理性借鉴初步概念,并通过系统的转化,使其达到它无法自发取得的普遍性与稳定性的高度。而且,在这样的整个转化过程中,经常掌握这种普通智慧向来非常重要,为的是尽可能防止由于疏忽或出于幻觉而导致的各种差错,这是哲学活动不可缺的持久抽象状态所常常引发的。虽然真正的良知与专门的哲学精神必然关系密切,但前者理应主要关注现实与实用,而后者则倾向于更为重视普遍性与关联性,因此二者的日常反响便都同样有利于各自一方,同时也巩固自身的基本性质，这种性质自然而然会起变化。这么一种关系随即表明：在任何问题上，那种导向寻求最初原则的思辨探索必然是多么空洞和徒劳；最初原则一向来自于普通智慧，从来不属于真正的科学领域，相反，它倒成为自发的、而且从此毋庸置疑的科学之基础；这么一来，就彻底排除旧精神模式留给我们的大量无谓的或是危险的争议。因此，人们也能够同样感到，先前关于抽象逻辑的一切研究终归是徒劳无用的；那种研究重视真正的哲学方法，但脱离了置于任何现象中的任何应用。事实上，人们在这方面所能确立的一些唯一的普遍原则，必然归结为若干无可置疑而又十分明显的从普通理性借鉴而来的箴言；这一点，根据那些最著名的格言不难加以证实。这些箴言对于一切有识之士通过简单的自发应用而得出的事理，其实并没有增加任何本质的东西。至于以何种方式使这些普遍规则与我们不同系列的实证思辨相适应（这是真正困难之所在，也是这种逻辑告诫的实用性之所在），那只有根据对所考察现象的自身性质所作的专门分析，才能作出真实的估量。因此，健全的哲学决不将逻辑与科学分割开来；方法与科学，每每只有根据二者的真正相互关系，才能加以正确评价。毕竟不可能凭纯粹抽象的、与所有特定现象无关的观念赋予科学与逻辑以普遍性质。要试图这样做，则仍然表明神学—形而上学模式所固有的绝对精神之隐蔽影响。

现在从历史角度来考察，真正哲学固有的特性与单纯普遍良知之间的这种自然密切关系，表明了实证精神的自发来源；事实上它处处都来自于实践理性对理论理性的特殊反作用，后者的最初性质就这样不断受到修改。但是这种逐渐的变化不可能同时实

现，尤其是不可能以同样的速度在不同种类的抽象思辨上实现；正如我们所认识的那样，全部抽象思辨最初都属神学性质。这种经久不变的具体推动，只有按照合乎各种现象日益增长的复杂性的明确次序，才能令实证精神深入于思辨之中。这一点，下面将予以直接说明。抽象的实证性，必然来自于最单纯的数学研究，然后通过自然的类似关系或是本能的模仿而传播开来；因此，它最初只能表现出特殊的性质，甚至在许多方面是经验性的；这种性质长时间以来对大多数倡导者掩盖了它跟初期哲学无法避免的不可相容性，尤其是掩盖了它要建立新逻辑体系的彻底倾向。在普通理性愈来愈大的推动下，它的不断进展当时只能直接导致形而上学精神的早期得势；因其自发的概括性，形而上学精神，在一神论精神酝酿及其在社会上充分确立的几百年期间，便注定充当哲学的工具；后来本体论模式赢得了自身性质所容许的整个影响，不久便对科学的进展形成压制，而在此之前它是推动科学发展的。因此，实证精神无法充分显示自身的哲学倾向，当时由于这种压制，实证精神终于导致专门对形而上学精神进行斗争，长期以来，它似乎是与形而上学精神混淆的。因此，实证哲学的第一次系统建立不会早于那次难忘的危机，其时，在两种精神的奇妙推动下，全西欧的整个本体论模式开始衰落：一是来自于开普勒与伽利略的科学推动，二是归功于培根和笛卡儿的哲学推动。中世纪末期形成的不完善的形而上学的统一，自此便无可挽回地解体，正如古希腊的本体论曾经永远粉碎与多神论相适应的神学大统一那样。自从这次真正的决定性危机以来，实证精神在两百年间大大发展起来了，这在它先前的整个漫长历程中是无法达到的；自此，除了因其自身的普遍影响而带来的精神统一之外，它再不可能容许其他方面的精神统一。它日益增长的成就越来越在普通理性中获得最后的认可；据此，它接二连三地赢得的每一个新领域再也不可能回到神学或形而上学方面去。唯有通过这样的系统化，理论智慧才会真正赋予实践智慧以应有的同等基本功用。前者表现在普遍性和稳定性方面，而后者则表现在现实性和有效性方面。后者是在漫长的逐渐接纳过程中获得这一基本功用的。说实在的，因为近二百年来所赢得的实证概念的宝贵之处更在于它作为日后一门新的全部哲学的材料，而不在于其直接的特殊价值，这些概念中的大部分尚未取得最终的科学性质，甚至仍然缺乏逻辑性。

二

因此，我们精神发展的整体，尤其是西欧自笛卡儿和培根以来所完成的伟大运动，今后只能经过许多必要的酝酿，最后形成人类理性的真正正常状态，此外别无其他出路。与此同时，要使实证精神具备丰富性与合理性（这两方面仍然不足），从而在哲学精髓与普遍良知之间建立起至今尚未充分存在的和谐一致。然而，现实科学要达到真正哲学的高度，必须同时具备增补与系统化的双重条件，而研究这两个条件的时候，很快就认识到，二者最后是吻合的。一方面，的确，现代实证观念的早期大危机主要是只把道德理论与社会理论置于本义的科学运动之外，从此这些理论在神学—形而上学精神的徒然控制下，一直处于不合理的孤立状态。因此，当前真正哲学精神的最近考验，主要是在于将这些理论引向实证状态。真正哲学精神已初步陆续地引伸到其他一切基本现象中去。但另一方面，自然哲学的新近传播自然而然地趋向于系统化，构成科学的或逻辑的单一观点，这种观点可以支配我们整个现实思辨，而思辨总是必然归结到从人的角度亦即从社会角度来看待事物，这是达到有效的普遍性的唯一能接受的途径。这就是我在本《论》开篇处提及的巨著中敢于从事基本创制既是特殊的又是普遍的哲学之双重目标。当代杰出的思想家认为这一创制相当完善，已经成为培根和笛卡儿所设想的全面精神革新的真正直接基础，但有待于我们这个时代去最后实现了。

今天人类观念的最后系统化要具备相当特色，为此像我们刚才所做的那样，光重视其理论目标是不够的，还必须以鲜明而简要的方式考察其构成唯一精神出路所必需的能力；自半个世纪以来，在整个西欧，尤其是在法国增长起来的巨大社会危机实际上有可能包含着这种出路。

最近五百年期间，神学哲学无可挽回地逐步解体，而这时候，以其为精神基础的政治制度也愈来愈瓦解；瓦解得相当彻底，且同样受形而上学精神支配。这一双重否定运动，其主要有关机构一方面是大学（最初得力于神权，不久即与之为敌），另一方面是各法学家团体（逐渐反对起封建政权来）。不过，随着批评活动的推广，批评性质不变，但批评者人数日增而且层次下降，以致至十八世纪，在哲学上的主要革命活动，就只好从名副其实的学问大家转到普通文人方面；随着，在政治上，也从法官转向了律师方面。

这种普遍衰落，开始是自发的，后来已变成体系的衰落，终于达到了无法保留旧制度、日益需要新秩序的程度，全面形势无法逆转，何况现代社会的所有阶层都曾以不同方式促进这种衰落呢，在这样的时候，最终的大危机[①]就必然发端。这场危机一开始就一直倾向于将先前五百年的批判活动变为庞大的有组织的运动，并表明其主要目标是直接推动社会新生，当时所有的否定业已充分完成。但是，决定性的转化（尽管要求愈来愈迫切），迄今为止基本上仍然不可能实现，就因为缺乏一门真正足以为其提供必需精神基础的哲学之故。事前解体的充分完成，要求抛弃导致解体的各种纯粹负面的学说，就在这时候，当时注定无法避免的幻想，却反而自发地赋予在这个漫长准备阶段中唯一活跃的形而上学精神以全面主导重建运动的作用。当一份充分成熟的经验在众人眼里长久地表明这么一种哲学全无建设功能的时候，由于缺乏任何其他理论，连首先满足秩序的需要（这种需要已经非常强烈）也不可能，唯有暂时恢复原来的体系（精神的和社会的体系），而这种体系无可挽回的衰落早已导致危机。最后，进一步的倒退反作用，随即便招致令人难忘的示威运动[②]，我们的哲学缺陷使之必然如此，无从避免，从而终于表明，进步也和秩序一样，都是现代文明的两个基本条件之一。

这两种不可规避的考验的自然汇合（今天要重新经历既不可能也无用处）现时已把我们置于这么如此不可思议的境地：由于缺乏真正适合我们整个需要的哲学，无论对于秩序也好或对于进步也好，任何真正重大的事情都做不了。秩序观念仍然主要来自于

① 指 1789 年的法国大革命。——原注

② 指 1830 年的革命。——原注

令目前民众极为反感的旧模式，在这样的时候，一切认真的重建努力，面对自然会引起的对于倒退的忧虑，很快就止步不前。同时，直接促进政治进步的意图，不久又受到对迫在眉睫的无政府主义的正当担心所完全束缚；只要进步观念依然主要是批判性的，那么上述意图就必然会引起忧虑。因此，正如危机之前那样，表面的斗争依然在神学与形而上学精神之间进行。前者已被认识到它与进步不可调和，趋向于从学理上否定进步；后者在哲学上到了全面怀疑的地步，只可能导致在政治上造成混乱，或造成一种相当于无政府的状态。而根据对此二者的共通缺陷的一致感受，今后它们都是不可能在执政者或在被统治者当中激发起积极的深沉信念的。不过，二者的持续对抗却彼此给对方提供养分，没有哪一方能够真正被废弃或取得决定性胜利；因为我们的精神状况使之仍然不可或缺，令其以某种方式代表两个并行的条件：一个是秩序，另一个是进步，直至有一门哲学能够同时满足这两方面为止。这样，最后便使倒退学派与批判学派同样归于无用，而今天每一派的主要目标就是阻止另一派取得完全优势。然而，两个方面无法分开的社会大问题的不合理分割便带来不可避免的结果，由此，精神空缺就会持续下去；只要是这样，有关对这两种相反的支配力量的截然不同的担忧，便自然会同时继续存在。事实上；每一个学派，由于本身的排他成见，今后已不再可能充分容纳自己对手的逆向变异。神学派别虽然有着反无政府主义的倾向，但今天已表明完全无能遏止颠覆性舆论的发展。这种舆论，尤其是在神学的重大复兴时期发展起来，在此之后，也常常由神学学派为王朝的浅薄盘算而加以传播。形而上学学派的情形与此类似，尽管它本能反对倒退，但今天已不再具备其单纯革命功能所要求的全部逻辑力量，因为它前后矛盾的特性令它不得不接受它不断抨击其真实存在条件的那个制度的基本原则。

两种互相为敌的哲学（同样流于无用，而且只能同时消亡）之间这种可怜的摇摆，必然会引发一种介乎二者之间的基本稳定的学派，其主要目标是直接提醒注意整个社会问题并最终宣布两种活跃见解所分隔开来的两个基本条件都同样是必需的。但是，由于缺乏一种哲学来实现秩序精神与进步精神的伟大结合，这第三种推动力比其他两种逻辑上还更为无力，因为它对那种前后不一致予以系统化处理，同时认可倒退原则与否定准则，为的是可以令其相互抵消。如此的处置，如果不是将其局限于单纯的临时目标，以便按经验满足革命局势的重大要求，直至最终确立那种日后有可能适应我们整个需要的唯一学说为止，那就非但不导向于结束危机，而且结果只能使危机长存下去，同时直接阻碍某一种制度真正获得任何优势地位。

但是，这样一来，这种临时的权宜手段，今天就变成不可短缺而且无从避免。它迅速增长的实际影响，为活跃的双方所默认。这在当前民众中愈来愈表明：从前的信念和热情，无论是倒退的或是批判的都逐渐为一种虽然模糊但却普遍而真实的感情所取代，认为有必要而且有可能在保守精神与改进精神之间求得持久的调和，二者同样都适宜于人类的正常状态。今天政治家倾向于尽可能防止一切重大政治运动，这种相应的倾向自然符合实际情况的基本要求；只要全部真正的哲学还未充分争取到知识阶层，现实状况就只能拥有临时性的制度。这种本能的抗拒有助于问题的真正解决，同时将使无结果的政治骚动变为活跃的哲学进步，从而终于走上按最后重建的性质本身所规定的道路，这是目前政权机构所未知的。重建应当首先在观念上进行，然后过渡到习俗，最后转向制度。这样的变化在法国已经趋于占优势地位；鉴于日益增长的需要，它自然会在各地愈来愈发展。现时西方各国政府已不得不靠大量费用在精神与道德的混乱中维持物质秩序；这种情况必然逐渐大量消耗各国政府的日常力量，使之暗暗放弃对精神重建工作的任何认真领导。这样，精神重建工作今后就交由那些表明自己有资格去领导的哲学家们自由从事了。目前政权当局的这种自然安排，正和民众表面不热衷于政治的自发倾向相一致。由于各种流行学说根本不起作用，从而促成此种倾向。因缺乏适当的动力，政治争论就继续蜕变为毫无意义的愈来愈卑鄙的个人斗争；只要这种争论存在下去，上述的倾向就会始终存在。这就是我们整个革命局势暂时给一个基本上是经验主义的学派带来难能可贵实际效用；从理论的角度来看，这个学派只能产生出充满矛盾的体系，它在政治上的荒谬、危险，犹如与之相应的折中主义在哲学上的情况一样；折中主义无一定原则，徒劳无益地企图把无法相容的见解协调起来。

人们越来越觉得，迄今为止一直争夺统治的神学精神和形而上学精神今后同样显示出其社会缺陷。据此看法，大众理性该会不言而喻地倾向于接受实证精神，以此作为真正解决精神与道德大混乱的唯一可行基础；这种大混乱是现代大危机的主要特征。实证学派对这样的问题依然陌生，但已逐渐有所准备，同时在近三百年的革命斗争中，尽量建成我们实际思辨的所有较简单层次的真正正常状态。由于具有这样的科学的和逻辑的历史，而且摆脱了当代的各种谬见，今天的实证学派表明，终于达到至今它一直缺乏的哲学的全面概括性。从此，它也就敢于着手解决尚未触动的重大问题，同时把它依次对各种初步研究所进行的革新，适当地移置到最终的研究上去。

首先人们不能够无视这么一种哲学的自发能力，即能在同时要求秩序与进步之间达成至今仍求而未得的基本协调，因为为此只须将与其性质完全相符的趋势推广到社会现象即可；现时这种哲学在所有其他主要方面已令大家十分熟悉上述趋向。无论在任何问题上，实证精神都总是趋向于在存在观念与运动观念之间建立正确的基本和谐，从而导致结构观念与生命观念之间的持久关系，特别是对于生命体而言更是如此；其次，由于社会机构固有的高度专门化，也导致秩序观念与进步观念的持续密切联系。新哲学认为，秩序向来是进步的基本条件，而反过来，进步则成为秩序的必然目标。正如在动物力学中那样，平衡与前进，作为基础或作为目标，彼此不可或缺。

其次特别就秩序方面加以考察，实证精神今天在社会范围内给予秩序以强有力的直接保证，不仅在科学方面而且还在逻辑方面。这些保证很快就会被认为大大超越倒退的神学的无谓奢求。几个世纪以来，神学愈来愈蜕化为个人争执或民族不和的活性因素，从此它无力制止自己的门徒离经叛道。实证精神从神学的真正根源（必然是精神上的）去抨击目前的混乱，通过主导问题的性质、处理问题的方式、问题转化的前提条件三种同时的变换，首先更新方法，然后革新学理，凭此尽可能深刻地建立逻辑上的和谐。

一方面，实证精神的确表明：今天主要的社会困难本质上不是政治性的，而主要是道德性的，因而解决困难的可能办法实际上更多地取决于舆论和风尚而不是制度，这样一来，那就趋向于平息骚乱活动，同时将政治动乱转化为哲学运动。另一方面，实证精神总是把目前状态视为先前整个演变的必然结果，从而始终高度重视对过去的合理评价以便于考察当前的人类问题；如此一来，就立刻摆脱纯粹的批判倾向，那是与健全的历史观不相容的。最后，实证精神坚持使社会科学与其他全部基础科学协调起来，而不是使社会科学落进空洞无用的孤立状态中，今天神学和形而上学仍然令其置于这样的境地。其他基础科学渐次成为这种终极研究的不可或缺的先导，在这当中我们的智慧同时获得了习惯和概念，无此，人们就不可能有效地接触高超的实证思辨；这已经形成一门真正精神学科，足以彻底改进这方面的讨论；自此，知性缺乏条理、疏于准备的群体是无法合理地参与讨论的。再者，这种重大的逻辑保证，由于有了真正的科学评价，随后便得到充分的证实而且发展了起来。科学评价对于社会现象以及对于一切其他现象都始终代表人为秩序，就像是自然秩序的恰如其分的单纯延伸（最初是自发的、随后是有步骤的延伸）。自然秩序在任何情况下都以整个实在规律为本，而规律的实际作用通常可在特定的范围内因我们的明智干预而改变。现象的层次愈高则范围愈宽。总之，秩序的基本意识与全部实证思辨天然地不可分割；实证思辨始终趋向于揭示各种观察之间的联系手段，而观察的主要价值来自于其系统化。

至于**进步**，情况亦同，而且更为明显。它虽然存在本体论的虚妄奢求，今天还是在整个科学研究中无可置疑地表现出来了。形而上学与神学，按照其绝对的、因而是基本不变的性质，二者都不大可能带来真正的进步，也就是说，不能持续地向既定目标前进。相反，从精神角度或从社会角度来看，它们的历史变化主要是愈来愈不适用。由于对所争论的问题根本无法解决，它们实际上完全不可能前进一步。不难看出：古希腊学派本体论的争论以不同形式在中世纪的经院哲学家当中基本上再度出现，而今天我们在心理学家或观念学者当中又见到了相当的东西。经历长达二千年的无谓论辩，有争议的学说没有任何一个得到最终证实，不仅关于外物存在方面是如此，而且连近代的论据乃至更古代的论据也都成了问题。显然，是因为实证知识的不断演进才在二百年前唤起关于人类进步的理性观念，这点见于帕斯卡尔的哲学名言[①]中，任何旧哲学都必然对此格格不入。随后，它扩展至工业发展甚至美学演进方面，但对社会运动却极不明确，目前它隐隐约约地向最终的系统化迈进，而系统化只能来自于最后获得适当普及的实证精神。在其日常思辨方面，实证精神自然而然地重现出基本的主动意识，同时总是把实际知识的推广与完善视作是各种理论工作的主要目标。从系统角度来看，新哲学以此作为必要的目标，即直接使我们整个生活（个人的和社会的）不仅是在条件方面而且尤其是在性质方面获得不断的改进，这一点是就整个外在或内在的实际规律在各方面所能容许的程度而言的。由此，新哲学便把进步观念提到人类智慧（实践智慧或理论智慧）的基本信条的高度，赋予它以最

① “……同样的事物降临在连续接替的众人中，犹如落在一个人的不同年龄阶段。因而在许多世纪的过程中，依次更迭的众人应视作是同一人，他始终存在，不断学习。”（见《沉思集》）——原注

高贵同时又最完备的性质，而且始终把理论智慧的完善视作高于实践智慧的完善。一方面，实际上，人类对外部世界的作用主要取决于原动力的状况，因而我们的主要对策就该是对此状况的改善。另一方面，人类现象（个人的或集体的）既然是一切现象中最易改变的，我们对此等现象的合理干预自然产生广泛的效果。因此，进步的信条，只有根据对于促成人类进步不断完善的事物所作的全面而精确的估量，才有可能成为完备的哲学信条。然而，在这方面，整个实证哲学充分证明：这种完善（对个人或群体来说均如此）主要是进一步发扬那种卓越的属性，把人性和单纯的动物性鲜明地区别开来；所说的属性意指两方面，一方面是智慧，另一方面是社会性；两种天然联系的性能，互为手段，互为目的。上面所说的，在本《论》卷首提及的著作中已可以见到。虽然人类进化（个人的或社会的）的自发进程总是扩大智慧与社会性的共同影响，然而二者结合起来的影响却不可能达到如此的妨碍程度：令我们的主要活动未能常常出自内心倾向；我们的真实体格必然使这种倾向更加有力。因此，人性对动物性的这种理想优势自然地满足真正哲学模式的基本条件，而且以一定限度为标志；我们的全部工作应该不断接近这个限度，然而却又永远不可能达到它。

实证精神能够自发地系统归纳秩序与进步这两个并存的健全观念；此处指出这一基本性能足以扼要地标明全部新的哲学所具备的高超的社会效能。在这方面，新哲学的价值尤其取决于充分的科学事实，亦即它在原则和事实之间尽可能始终建立准确的平衡，无论对社会现象或对一切其他现象都是如此。唯有全面重建才能结束现代重大危机，这种重建工作，从精神角度而言（这应居于优先地位）主要在于建立一门足以适当解释整个人类历史的社会学理论。这是提出基本问题的最合理的方式，为的是更好地排除任何骚动欲念。实证学派必然优越于现时的各学派，因而这一优越性也就能够受到最明确的高度评价。因为，神学精神与形而上学精神，按其绝对性质来说，二者都趋向于只重视自己特别居于支配地位的那一段过去；在此之前以及在此之后的事情，对二者来说都是一片模糊，而且混乱得无法解释；在二者看来，它与历史大背景这一小部分的联系只可能归因于神祇的干预。例如，天主教对于古代的多神教，就表现出一种盲目批判的倾向；这正如天主教今天责备狭义的革命精神对它本身也有此倾向一样。因此，现在仍居于统治地位的各种绝对学派是必然不可能按我们本性（个体的或集体的）的恒久规律去真正解释整个过去的；事实上，也没有任何一个学派，下过大功夫去力图进行这种解释。实证精神，因其卓越的相对性，唯一能够适当地代表一切历史大时代，还体现同一基本演变的各个特定阶段；其中每一阶段，按不变的规律，从前一阶段而来，也为后一阶段作准备；不变的规律，使之参与共同的进步，从而能始终前后一贯、不偏不倚地对所有任何协作作出正确的哲学解释。尽管理性实证观念的这种无可置疑的优越地位最初看来似乎纯然是思辨性的，但真正的哲学家不久将会认识到，这是最终赋予新哲学以有效的社会影响的必然的第一源泉。因为，今天我们可以肯定地认为：能充分解释整个过去的学说，因经历这独一无二的考验，将必然会赢得未来的精神主宰地位。

关于实证精神的高度社会性特点的这一说明，如果不加上对其可最终系统归纳人类道德的自然能力作扼要估量，那还不是十

分完整的，而这一方面，向来是人类任何真正理论的主要应用之处。

在古代的多神论机制之下，道德完全从属于政治，绝不可能赢得与其性质相符的尊严和普遍性。道德的基本独立乃至其正常影响，终归是来自于中世纪的一神论体系（就当时可能做到的情况而言）。这一庞大的社会服务功能（主要归功于天主教），获得人类的永恒感激，将由此而永远树立自己的名声。自从这两大力量由于必然分开从而导致并完成不可避免的分裂以来，人类道德才得以真正开始获得自成体系的性质，同时避免短暂的冲动，为我们整个生活（个人的、家庭的、社会的）建立起真正普遍的规则。但是当时支配这种重大活动的一神论哲学具有深刻缺陷，这必然大大损害其效能，甚至严重危及其稳定性，同时很快便引起智慧增长与道德成长之间的致命冲突。那种跟不可能长久坚持进步的学说联系在一起的道德，后来必然愈来愈不被信任。从此神学倒退，终至根本无法与现代理性相容，这种神学必然日益失去信用。此后，理论上的道德备受形而上学的腐蚀作用影响，它在最近五百年期间，就其三个主要部分的每一个方面，实际上都受到日益危险的侵害，以致人的自然的公正与道德始终无法通过实践给予充分的修复，虽然文明的自发进程会带来良好的持续发展。尽管实证精神的必然影响不会终止这些混乱的偏离，但它肯定会对通常道德（不仅是社会的，而且还有家庭的，甚至属个人的）的所有微妙观念带来极大的变化，因而到处都只存在有关粗野场合的规则，这些规则是平常的估量直接加以保证的。

在这种情况下，看来令人奇怪的是：今天实际上能维护道德的

唯一哲学，却反而被目前的各学派(自真正的天主教徒至单纯的自然神论者)指责为在这方面根本无能。各学派在其无谓的争论中也有一致之处，即特别阻止新哲学去接触这些基本问题，唯一的理由是，它的性质太不全面，至今只限于处理简单的问题。形而上学精神往往倾向于主动瓦解道德；神学精神，长期以来已失去保护的力量；可二者都为自己保留永恒的专属领域，而公众理性则尚未能适当地判断这种经验式的奢求。诚然，总的来说，应该承认：凡是道德规则的引入在任何地方都要首先借助神学的启示来进行，神学观念深深扎根于我们整个观念系统中，唯有它能够形成充分一致的舆论。但是过去全部历史也证明：这种原始的相互关系，也如神学的影响那样，一直在衰退；随着民众愈来愈能够衡量每一举动对人类生活(个体的或社会的)的实际影响，道德训诫以及其他一切训诫就日益归结为纯理性的确认。天主教不可逆转地将道德与政治分开，同时也就大大推进这种持续不断的倾向；因为超自然的干预由此便直接收缩为制定普遍规则，规则的具体实行从此主要靠人的智慧。天主教诉诸较为先进的民众，针对公众理性提出一大套特殊规定，先前的智者曾以为，如无宗教的禁戒，这些特殊规定就绝对不可能加以实行，今天印度的多神论学者也是这样想的，例如关于大部分卫生习惯的实行就是这样。因此，人们可以看到在圣徒保罗三百余年之后好几位异教徒哲学家或大法官的不幸预言：下次神学革命必将带来令人窘迫的道德堕落。一神论各学派目前的喧嚷阻止不了实证精神今天在适当的条件下，去完成对道德领域的实际上和理论上的占领，这个领域自然而然地愈来愈受制于人类理性，我们只须要对人类理性的特殊启示最后予以系统

归纳即可。人类不大可能永远注定只能把自己的行动准则建立在虚无缥缈的动机上，从而使智慧需要与道德需要之间的不幸对立永远延续下去，而至今为止那只是暂时的。

神学的支持，对于道德训诫来说，决不是必不可少的；相反，经验表明，它在现代人中成为愈来愈有害的东西；由于这种不良的结合，使之不可避免地参与一神论体系的日益解体的进程，最近三百年期间尤其是这样。首先，这种不详的联系，随着法律的衰退，就必然会直接削弱各种规则赖以建立的唯一基础。这些规则常常与各种强烈冲动发生严重冲突，需要力避任何犹疑。神学精神恰恰是引起对现代理性的日益反感的。这种反感严重损害重要的道德观念，不仅有关重大社会关系的观念，而且有关单纯家庭生活甚至个人生存的观念。盲目的精神解放，只能趋向于不时将那种对健康格言的暂时蔑视变成对守旧哲学的某种疯狂抗议，似乎格言仅仅来自于守旧哲学。这种有害的影响连坚持教条信仰的人也间接地感觉到了，因为神权失却自身的政治独立性之后，为发挥道德效能所必需的社会影响也日见丧失。神学精神除了愈来愈不能维护道德规范之外，因其所引起的偏离，还常常主动地损害道德规范。由于个人自由反省的必然发展，神学精神已不再是完全循规蹈矩的东西。自此，便出现上述情况。这样一来，神学精神便实际上诱发或促成许许多多反社会的谬误，为自持的良知所自发避免或排斥。今天我们看到流传的针对私产或关于家庭等的颠覆性乌托邦[①]，虽然存在基本缺陷，但几乎都不是来自于完全解放的智慧之

① 暗指圣西门主义者、傅立叶主义者、伊加利亚共产主义者。——原注

士，而且也不受他们欢迎，而是来自于积极追求重建某种神学的人；那种神学基于含糊而无用的自然神论或与之相当的耶稣教义。总之，对神学的这种由来已久的执着，从第三方面总的来看，也必然有害于道德，而且有悖于基于纯粹人性基础的道德重建。如果这种障碍仅仅存在于往往来自目前各学派（神学的或形而上学的）关于反对此举的所谓危险的盲目喧嚷，那么实证哲学家就可以只凭自己生活（日常的、个人的、家庭及社会的）的不容置疑的榜样，摒弃可恶的含沙射影。但不幸的是，这种对立是带根本性的，因为它来自于使道德系统化的两种方式之间显然存在的互不相容。在教徒心目中，神学动机的强度自然比任何其他动机要大，它绝不可能变成纯粹人的动机的简单补充。因此，是将道德最终建立在人类实证知识的基础上抑或以超自然指令为根据，这二者之间不存在持久的交替：随着信仰的消失，唯理的信念可以支持神学信念或毋宁说可以逐渐代替它。但相反的配合肯定不过是主从属于次的矛盾乌托邦。

对现代社会真实状况所作的恰当探索表明：所谓维护道德今后离不开神学的说法愈来愈被整个日常事实所否认；因为自从中世纪末年以来，这种危险的联系，已对道德造成三个方面损害：削弱或动摇其智慧基础，引发直接的混乱，妨碍进一步的系统化。如果说，虽然活动原则混乱，但实际道德还是获得真正的改善，那么这种可喜的成果不能归因于神学精神（相反它已蜕化为危险的腐蚀剂），而基本上应归功于实证精神日益增长的影响；它在自发形式下已经发挥了效用，包含着普遍的良知；它的智慧启示有助于正常推动文明进步从而有效地打击各种谬误，尤其是来自于宗教无

稽之谈的谬误。例如,当基督教神学趋向于以正式承认离婚来严重扭曲婚姻制度的时候,公众理性则几乎总是强迫尊重原先的习俗(唯一符合现代社会性的真正性质),从而大大减低其有害效果。再说,毋庸置疑的经验也同时在人民群众中广泛地证明:宗教信仰令人决定作出重大牺牲或表现出忠贞不渝的所谓特殊优势,也可以为完全相反的信念所拥有,而且一般来说,不论其性质如何,它是依附于任何深刻的信念的。半个世纪之前,许多对抗神学体系的人,多么英勇地捍卫我们的民族独立以反对反动联盟。他们表现出充分与持久的忘我精神,要胜于那些具有迷信思想的集团。后者竟在法国内部支持外来侵略。

为了达到估量神学—形而上学哲学目前的奢求(它要保持对日常道德的独有体系),只须直接考察一下那不可避免的思想解放进程迫使它在这方面所建立的危险而又矛盾的学说就可以了。它到处都以或明或暗的形式认可某种集体的伪善——近似于人们不恰当地设想古代人曾习以为常的那种虚伪,虽然那仅仅取得过暂时的不牢靠的成功。人们无法阻止有识之士的现代理性的自由发展,于是便以公众利益的名义提出要他们表面尊重古老的信仰,以便在普通人心目中维持被认为是不可或缺的权威。这种有步骤的妥协并非为耶稣会士所独有(虽然这成为他们策略的主要基础)。新教精神也以自己方式使之带上更深刻、更广泛而尤其更教条的神圣印记;狭义的形而上学者以及神学家本身,都接受了这一点。他们当中最伟大的人物[①](尽管他的崇高道德真正配得上他的卓

① 暗指康德。这显然表明对康德并不理解。——原注

越智慧)也倾向于基本上予以认可,一方面认定任何神学观念都无法加以证实,另一方面又认为出于社会需要,不得不永远维持神学观念的主宰地位。虽然这么一种学说在那些对此不怀个人野心的人当中受到尊重,但它照样要败坏人类道德的一切源泉,必然使人类道德停留在虚伪的乃至位高者对位卑者鄙视的长久状态中。当那些要参与这种蓄意掩饰的人依然为数不多的时候,这种做法虽然极不可靠,但还是可行的。但思想解放已经相当广泛,而还要这种虔诚的密谋为大多数有识之士拥护(好像今天必须这样),这时候,此种做法就变得可恶而且可笑。总之,这种所谓体系,即便实现了空虚的推广,但对于摆脱了束缚的智者来说依然留下成堆困难,这样一来,他们本身的道德就全凭自发性支配,而在受制于人的阶层中恰恰看出自发性的缺陷。如果要承认,在思想解放的人士中,也必须具备真正的道德体系,那么今后这只能以实证为其基础,因此,实证基础最终将被认为是不可缺少的。至于说将实证基础只限于为有教养的阶层所用,这种限定不会改变这一伟大哲学结构的性质;在这种易于实行的解放所假设的精神文化变得非常普通或者说几乎是普遍化的时候(起码在法国是如此),显然,上述限定是不切实际的。因此,出于不惜任何代价维持古老智慧模式的徒然愿望而提出的经验主义下策,最终只能令大部分活跃的智者永远得不到任何道德学说,正如今天我们常常见到的情况那样。

因此,今后应主要以道德的名义热情地致力于最终树立实证精神的普遍影响,以便取代失却信用的体系,后者时而无能,时而引起混乱,愈来愈在道德秩序的持久状态下要求实行

精神压制。今天关于我们的各种义务，唯有新哲学可以确立深刻而活跃的观念，真正能够强有力地顶住情欲的冲击。根据人类的实证理论，基于目前人类掌握的广泛经验而得出的不容置疑的证据，将会准确地确定每一个行动、每一种习惯、每一种倾向或感觉的直接或间接的实际影响（包括私的与公的）；由此，作为必然的结果，自然得出最符合普遍秩序的整体或特殊的行为准则，因而通常来说，最能促进个人的幸福。尽管这个重大的主题极端困难，但我还是敢于肯定地说：如果得到适当处理，它就有像几何学那样确定的结论。毫无疑问，人们不能指望，若干道德规则的实证证据能令全体智者完全接受，虽然这些规则是为公众生活而设的。但就各种数学规则而言，那已经是做到了。例如，我们的海员根据对他们一点也不懂的天文理论的信念，每天都拿生命冒险的时候，这些规则已被毫不犹豫地应用于极其重要的场合。对于更为重要的概念，为什么不能给予同样的信任呢？此外，无可置疑的是：这么一种模式的正常效能，除了来自于公众成见的强力推动之外，每每还要求有一种精神权威时而被动时而主动地进行系统干预，为的是大力提倡那些基本准则并审慎地指导其应用，正如我在上面提及的著作所特别说明的那样。这样，新的道德权威，既完成天主教不再履行的重大社会职责，还将认真地运用相应哲学的难能可贵的使命，按照实证精神对某一命题的通常倾向而自发地吸收先前各种体系的智慧。当现代天文学断然地摒弃星相学原则的时候，它仍然珍重地保留所有在星相学盛行时期所获得的真正概念。化学与炼金术的关系也以同样方式处理。

这里不可能对实证哲学作道德评价，不过却应当指出直接源于其科学结构或逻辑结构的持续倾向，为的是激发和强化责任感，同时始终发扬与此自然联系的整体精神。这种新精神体系正在自发地消除有害的对抗，那种智慧需要与道德需要之间的对抗自中世纪末期以来就愈来愈明显存在。反之，今后所有及时系统化的实际思辨会不断地尽可能促成道德的普遍优势，因为道德观点必然要成为所有其他实证方面问题的科学纽带和逻辑调节器。这样的协调在随时发展跟人类紧密关联的秩序与和谐的观念时，不可能不趋向于使精英之士获得深刻的道德教养，而且也教化一大群智者。后者据普遍教育的相应体系，全都或多或少地参与这一伟大的启蒙工作。

一种既是实践也是理论的更为深入、更为广泛的评价，把实证精神描述为：从其性质来说，是唯一能够直接增进社会感情的精神，而社会感情乃是一切健全道德的首要基础。当僧侣的智慧并不具备自发影响力的时候，古老的精神体系只能借助于艰难的间接手法去激发上述感情；由于那样的哲学本质上具有个人倾向，因而间接手法的实际成效是极其有限的。至于本义的形而上学精神，这种必然性目前已得到承认，起码是经验式的承认；形而上学精神在道德方面从未能提出任何有效的理论，而只提供那糟透了的利己主义体系。尽管有许多相反的呼声，今天利己主义依然十分通行。本体论学派曾大力抗议这种谬误，最后也只是以并无实践效能的、前后不一的笼统概念来代替利己主义。一种如此可悲而又如此顽固的倾向，看来比一般人通常设想的更为根深蒂固。事实上这种倾向主要来自于上述哲学的必然的个人性质。该哲学始终局限于考察个体，由于其简化的逻辑原则的必然后果，从未能真正包含对群体的研究。其逻辑原则基本上限于本义的直觉[1]，显然不包括任何的集体应用。它通常的形式仅仅幼稚地反映它的基本精神；就它的每一个信徒来说，主导思想一贯是唯我的思想。一切其他存在，甚至是人类的存在都被模糊地罩上一层否定的概念；其模糊的整体就是非我；我们的概念在其中没有任何直接的显著的位置。但是，更深入地考察这个问题时，就必须承认，在这一点上，正如从其他任何方面一样，形而上学无论在教理上和历史上都是来自于神学本身，它从来只能够对神学作分解性的轻微改动。的确，这种顽固的个人性特别直接而有力地依附于神学思想，每个信徒总是关心主要属个人的利益，由于个人利益高于一切而必然无法考虑其他，不可能有高度的忠诚激发起真正的献身，当时正是把这种献身视为危险的反常。仅仅因为虚幻的利益与实在利益经常对立，这才给僧侣智哲提供强有力的道德纪律手段；这常常能够令人为社会利益而作出令人赞叹的牺牲。然而，这种牺牲只是表面的，它总是要归结为慎重的利益均衡。人性固有的善意与公心无疑会通过这种模式，甚至在某些方面受其间接推动而表现出来；但是，尽管善意与公心的增进不可遏止，而其性质却已受到严重歪曲，如无专门的直接锻炼，那就多半无法令我们充分认识其本性与强度。再说，有完全理由作如下的推测：对信徒最宝贵的利益个人盘算的长久习惯，通过渐进的类比途径，在众人身上乃至在其他方

① 这里的“直觉”指按康德所理解的含义：“直觉直接与对象相关，而且是独特的。”——原注

面，曾发展为极度的审慎，过分的深谋远虑，最后到利己主义，而人的基本构造并不要求这些；今后有一天在良好的道德体系下这种情况可能会逐步减弱。不管这种推测如何，始终无可置疑的是：神学思想，就其性质来说，基本上是属个性的，而从来不具备直接的集体性。特别是从一神论信仰的观点来看，由于社会生活缺乏自身的目标，它就等于不存在；这样，人类社会无非仅仅是个体的会聚，这种结合几乎是偶然的，也是暂时的；每个人都专注于自己的得救，只把参与拯救他人视为自己更值得获救的有力手段，并同时服从强行规定此义务的最高旨意。我们的尊敬赞叹当然始终归功于僧侣的明智；在公众本能的适当推动下，精明的僧侣懂得从一种十分不完善的哲学中长期取得高度的实际功用。但是，当一个其安排更适合于我们整个本性(智慧的和感情的)的时代终于来临的时候，这种恰如其分的承认该不至于人为地将这早期的制度延长到超过其临时用途的期限。

反之，因其富于特色的现实性，实证精神最大可能地而且毫不费劲地拥有直接的社会性。实证精神认为，单纯的人是不存在的，而存在的只可能是人类，因为无论从何种关系来看，我们整个发展都归功于社会。社会的观念之所以在我们的认识中似乎还是个抽象之物，这主要是由于旧哲学体系左右之故；因为实在说来，那种性质乃属个体观念，起码在我们群体来说是如此。整个新哲学无论在实际生活或思辨生活中始终倾向于突出个人与全体各个方面的联系，从而令人不知不觉地熟悉社会联系的亲密感；社会联系相应地延伸至一切时代、一切地方。谋求公众利益将不断地被视为是通常确保个人幸福的最合适的方式，不仅如此，而且通过更直接、更纯粹、总之是更有效的影响，尽量充分培养慷慨宽宏的性情将是个人快乐的主要源泉，虽然这不会提供别的酬报，而只是令人得到必然的内心满足而已。因为，无可怀疑，幸福尤其来自于活跃的智者，因此它主要取决于同情的本能，虽然我们的身体结构通常并不赋予这种本能以优越的能力；善意的感情是在社会状态下唯一可以自由发挥的感情，社会向其开放无穷的领域，自然而然地愈来愈激发它发展，而它也必然要求对个人的各种冲动加以一定的压抑，因为个人冲动的自发发展就会引起不断冲突。在社会广泛扩张的情况下，每个人都将重新获得对于永生倾向的正常满足，这种倾向最初只能靠幻想而达到，而今后这样的幻想和我们的精神进化并不相容。个体只能通过群体延续下去，因而会趋向于尽可能与群体融为一体，同时与整个群体的生活（不仅是现在的，而且还有过去和将来的）发生密切联系，以便赢得整个生活强度，那是实际规律所每每包含的。新哲学必然给两种生活指出相同的基本目标以及相同的演变规律，愈是如此，这二者的重大同一性就越能变得更深刻，令人更易领会；无论对于个体或对于群体来说，总是要求不断的进步（其主要目标已如上述），也就是说两方面都趋向于尽可能使人类属性（或智慧与社会性的结合）超越本义的兽性。我们的任何感情都只有通过直接、持续的培养才能发展起来；感情开始并不强烈时，培养则更不可或缺。凡是对人具有真正认识（哪怕是凭经验的认识）的人，都无需向他进一步强调证明：就真正主动发扬社会本能方面来说，实证精神必然高于旧的神学—形而上学精神。这种优势具有十分明显性，公众理性无疑会首先充分认识它，然后相应的机构也会大体地了解其良好属性。

根据以上所述，新哲学自然优越于现时正在争夺支配地位的各种哲学；目前它的优越性从社会角度得到了说明，如同它已从精神角度得到说明一样，起码本《论》包含了这一点，还不说需要援引的著作。在结束这一简要评价的时候，必须指出此种哲学精神与明智而却是经验式的安排之间，存在着难能可贵的联系；当代经验愈来愈推崇这种安排，无论在统治者或被统治者当中都是这样。实证学派直接以巨大的精神运动来代替毫无结果的政治骚乱，它以系统的考察解释并认可了今天公众的理性与政府的审慎态度对于一切认真、直接本意上的制度所一致表示的冷漠或反感。由于缺乏充分的理性基础，只要认识上的无政府状态维持下去，所存在的有效制度只有带有纯粹临时的或过渡的性质。新学派的目标是通过唯一能克服基本混乱的途径，最终消除混乱，为此它首先需要不断维护内外的物质秩序，没有这一点，任何认真的社会思考都不可能被适当接纳，而且更不可能被充分酝酿出来。因此，新学派趋向于肯定和支持今天唯一的伟大政治成果在各处引起的十分正常的关注；这一成果很快与现状协调起来，而后者则因给新学派带来严重困难而赋予它以特殊的意义，同时总是提出这样长久得不到解决的问题，即：如何在深刻的道德混乱中维持一定的政治秩序。除了其未来的工作外，实证学派还凭其彻底摈斥目前各学派的直接倾向，密切参与这样的重大活动，同时也已更好地接替了其他学派仍然保持的对立的职能，从而立刻表现出比神学学派更有建设性，比形而上学学派更为进步，而又绝不会包含二者分别具有的落后倒退或无政府主义的危险。从各国政府基本上都已放弃任何认真重建过去的做法（虽然不以明显方式表现出来），以及各国人民

也放弃任何摧毁政治制度的做法以来，新哲学对此二者无非只要求事实上人们到处都准备给予它的惯常的安排，即自由与重视（起码在法国是这样，法国大概是首先完成系统设计的）。在这种正常条件下，实证学派一方面趋向于在其拥护者中巩固目前的权力，同时另一方面令拥护者履行愈来愈符合人民真正需要的道德义务。

这些无可争辩的安排，今天看来首先不会给新哲学造成其他任何基本障碍，障碍只会来自于各种提倡者的无能或疏忽。但是相反，有一项更为成熟的判断却表明：由于新哲学要求目前思想活跃的人士进行艰难的革新，以便把他们直接吸收到新哲学的主要创制工作中去，它必定引起他们几乎所有人的强烈抗拒。如果这种无可避免的对抗只局限于主要是神学或形而上学的人士，那么现实的严重性还不太大，因为从另一些人当中仍然会得到巨大的支持。这些人的数量和影响与日俱增，而且主要从事实证研究。但从不难解释的必然性而言，新学派也许正是在上述人士当中只会得到较少的支持，并遇到最大的障碍。一种直接来自于科学的哲学很可能在那些今天从事科学的人们当中遇到其最危险的敌人。这种不幸冲突的主要根源是在于盲目、分散的专业化，它显示了目前科学精神的深刻特点，根据其形成的必然片面性，以及由于所研究现象的日益复杂性而致。下面我将特别指出这一点。这种暂时的做法，今天危险的学术陈规却力图使其延长下去，尤其是在几何学者中间延长下去；它在每个智者中只对于小部分精神体系培育起真正的实证观念，而让其余精神仍然停留在含糊的神学—形而上学体系中，或者委身于令人更受束缚的经验主义。这样一来，与各种科学工作整体相符的真正的实证精神，到头来竟不能被

任何自然地酝酿着这种精神的人所充分理解。那些所谓的学者愈来愈遵循这种不可避免的倾向,他们在我们这个时代常常落到如此的地步:对任何总体观念都抱有无法克服的强烈反感而且完全不能真正赏识任何哲学观念。此外,这种对抗由精神习惯形成,随后还要延伸至相应的利益关系上;观察到这一点,就更加感到问题的严重性;而我们的科学体制,正如我在引述的著作中所仔细证明的那样,是深深地把利益关系与倒霉的专长联系在一起的;法国的情况,尤为如此。因此,新哲学(它直接要求整体意识而且把社会发展的新兴学科始终置于今天所形成的一切学科之上)就必然会在能直接给予其思辨支持的唯一阶层的成见与情绪中,遇到积极或消极的深刻反感;在这一阶层中新哲学长时间内只能指望纯粹的个人参与,而且此种参与可能比其他方面更稀少。

今天所谓思辨的大众对实证学派正表示各种抗拒;为了很好地克服这种自然而然的联合抗拒,实证学派找不到别的全面对策,而只有对普遍良知发出直接而持久的呼吁,同时今后大力在活跃的民众中系统传播宜于为其伟大哲学设想构成必需基础的主要学科。此类初步研究,迄今自然仍受着经验主义的专业精神的控制;这种精神支配着相应的科学;人们对这些初步研究总是这样设想和引导,似乎每一学科只是为了通向某种专门的职业。显然,这就排斥了同时掌握好几门学科或至少掌握为今后养成健全的总体观念而必需的学科的可能性,即使有极大余暇的人也无法这样做。但是当这种训练直接以普遍教育为目标的时候,事情就不再是这样的了。不管任何相反的潮流,普遍教育都必然改变着专门训练的性质和导向。事实上,那些不想成为几何学家、天文学家或化学家……的大众，仍然感到有必要同时了解只限于其主要概念的一切基础科学。依照我们伟大的莫里哀的美妙说法，公众需要的是，“明了一切”。当公众将这些学科作为整个人类观念的唯一合理基础并从其抽象的总体目标而加以考察的时候，这种必然的同时需要就不仅于此时为他们而存在；公众面对各种各样的具体应用也同样感到这种同时的需要，而每一项具体应用，归根结底都不仅仅关系到自然哲学的某一门类，而是或多或少地取决于其余一切学科。因此，今天主要实证学科的广泛传播，目标不仅仅在于满足公众十分明显的需要；他们愈来愈感到，科学不光为学者所独享，它尤为大众本身而存在。由于自然而然的良好反作用，当这种使命获得适当发展的时候，它就会彻底改进目前的科学观念，使之摆脱盲目而分散的专业化，从而令其逐渐获得为完成其主要任务所必不可少的真正的哲学特性。这乃是唯一的途径。今天在所谓的思辨阶层之外，有可能逐渐形成由广大明智人士构成的不可回绝的自发而公正的广泛裁决机制；在此裁决面前，众多错误的科学主张都将不可避免地消亡。近二百年间，适应草创初期需要的观念将许多错误主张与真正的实证学说混同起来；要是这种争论最后并不直接受普遍良知支配，那就必然会令实证学说变质。唯有完全适应过渡阶段情况的临时措施才能指望取得即时的效果，在这样的时候，必须为整个哲学工作组织广泛支持点；依我看来，这已成为今天全面普及真实知识所可能产生的主要社会成果。这种组织工作将会给公众提供服务，而公众也会给予新学派以充分的同等的回报。

如果这种持续教育仍然只面对某一阶层，那么，无论它如何广泛，这一重大效果也不可能充分达到。我们应当一贯着眼于知识的全面普及，否则就会失败。在此次运动应当形成的正常状态下，所有有智慧的人都会毫无例外地、而且不加区别地始终感到对这种首要哲学的基本需要；这种哲学源于真实概念的总和，将会成为人类智慧（实践的与思辨的）的系统基础，从而更好地履行必不可免的社会职责；从前此项职责归属于基督教的普遍教育。因此，非常重要的是，新哲学学派从一开始就应尽可能地发扬这种社会普及性的重大基本特色。最终就其主要使命而言，这一普及性现时会构成它面对可能遇到的各种反抗的强大力量。

为了更好地指明这种必然的趋向，我早就怀着最初是本能的而后是执着的深深信念，一向把本《论》所阐述的教诲作为特别面向最大多数阶层的材料；由于纯神学教育逐渐被废止，目前的状况使这一阶层得不到任何正规的教育；只是对于有知识的人士，才暂时代之以一定的形而上学和文学的教育，而就民众来说，却得不到任何类似的东西，在法国尤其如此。对这种持久革新的重要性和新颖之处，我强烈希望它得到适当的重视，甚至我敢于说，它应得到仿效；这使我不得不在这里指出新哲学派别今天应着重与无产者建立精神联系的主要缘由，然而它的教诲是绝不应排斥任何阶层的。由于缺乏热情或远见而可能实际给这种联系所带来的障碍不管有多大，一般而言，不难认识到：从当前社会的各部分来看，归根结底，人民本身，出于自己特有状况而带来的倾向和需要，最能够欣然接受新哲学；新哲学最终也会在人民当中得到精神上和社会上的主要支持。

在这方面的首要思考（虽然思考的性质否定的居多，但仍应加以深化）来自于对初看起来可能显得困难重重的事物的正确估计；

目前缺乏任何思辨的文化，是困难之所在。例如，无疑令人惋惜的是：普及天文哲学的教学，在其特别面向的所有人当中，却找不到使其更有效更易于被接受的少许基础数学知识，而我甚至不得不假定他们有此知识。不过，目前其他阶层的大多数人那里也可见到同样的缺陷；现时法国的实证教育仍然只限于某些专门的职业；这些专业主要归属于综合工科学院或医科学院。因此，这对于我们的无产者来说，并没有什么真正特殊的地方。至于他们通常缺乏今天知识阶层所接受的正规文化，我断言这对于大众精神来说，是明显的优势而不是实际妨碍，我这样说并不担心陷于哲学的夸张。许久以来就进行的可惜是太轻易的批评，在大多数明理的人眼里，正越来越被日常经验所证实；这里如果不再作这样的批评，就不易即时了解为日常安排实际生活（无论是实务的或甚至是思辨的）而作的荒唐而且归根结底是危险的准备，这比起那种首先是言词随后是实质的无用教育更不合理也更危险，这方面仍在浪费许多宝贵的青春光阴。就大多数接受这种教育的人士而言，他们在其今后毕生的生涯中只能引起对于一切智力活动的几乎不可克服的厌恶；而这对于那些主要从事于这项工作的人则更为危险。他们不适应实际生活，鄙视平凡的职业，无法正确估量任何实证观念，由此便很快产生厌恶，这使得他们今天常常倾向于毫无结果的形而上学的争论。而由于糟糕的教育所培养起来的令人忧虑的个人奢望，在不正确的历史学识的直接影响下，很快便使这种争论变成政治上的骚乱。那种有害的学识推崇适应于古代社会模式的错误观念，使人通常无法理解当代的社会关系。鉴于目前不同程度地主管着人类事务的几乎所有的人都经过这样的培养，人们对下述的情况就不会感到惊讶：他们对微不足道的问题乃至具体问题都常常表现出令人汗颜的无知；他们一贯的意向是重形式而轻实质，把说话的技巧看得高于一切，不管实行起来多么不一致和有害；总之，我们的知识阶层特别倾向于狂热地接受每日从我们混乱的精神状态中所生出的一切谬误。这样的估价，反过来令人对于各种有害事物通常并未更为扩展而感到惊奇；它使人深深赏识人类的天生正直和智慧，二者在我们整个文明的巧妙推动下，自发地大部分抑制着荒谬的普通教育制度的危险后果。这种制度自中世纪末以来就是形而上学精神的主要社会支点，现在仍然是这样，先是针对神学，随后也针对科学；人们也就不难理解，正因为这样，这种制度未能培养的阶层理应不大受此过渡性哲学的影响，因而更易接受实证状态。而这就是无产者未受经院式教育今天所具有的长处；说到底，这使无产者较之于大多数知识界人士更不容易接受各种扰人的诡辩论，无产者是按日常经验行事的，虽然有人对他们社会状况的欲望有步骤地不断煽动。无产者从前想必深受神学尤其是天主教神学的支配；但在其思想解放的过程中，形而上学因未遇上可以作为基础的特殊文化，因而只能微微触动他们；唯有实证哲学才能再次把他们彻底征服。这一终极哲学的早期大师们所提出的前提条件，应该比他处更能充分实现。如果说培根和笛卡儿著名的白板完全可行，那肯定是在今天的无产者身上体现。他们比任何阶级都更接近于预定倾向唯理实证观念的理想典型。

大众智慧自然倾向于健全的哲学；从更深入更持久的角度来考察这一点，人们就不难认识到，这一倾向总是源于这样的基本联系：按照我们先前的解释，它使真正的哲学精神与普遍良知直接地

连在一起，而后者是前者必然的首要源泉。其实，这种良知不仅由笛卡儿和培根曾经非常正确地提倡过，而且幸好下层阶级未接受过经院式的文化因而不大有空泛的或诡辩的习惯，因此它今天的确理应在下层阶级身上表现得更纯洁、更有力。这一暂时的差别，知识阶层接受良好的教育之后可以逐步消除。除此差别之外，还有另一种必然是长期存在的差别，关系到两类智慧的不同社会功用的精神影响，这是根据其通常工作的各自性质而来的。人类对外界的实际作用，在现代人当中，已经开始自然而然地形成起来，从此便要求两个人数悬殊但同样必不可缺的不同阶级长期结合：一方面是人数一向不多的所谓业主，他们掌握各种相应的物质手段，包括金钱、信贷，管理所有的每一项活动，并由此担负起任何结果的主要责任；另一方面是靠定期工薪为生的直接操作者，他们构成劳动者的大多数，本着某种不具体的意向，每个人完成一些基本动作，而不特别关心自己的最终贡献。唯有后一种人直接与自然搏斗，而前一种人则主要与社会打交道。由于这种必然的基本区别，想必在操作者身上较之于在业主身上通常更能体现思辨的效能；我们认为思辨效能与产业生活密切相关，由此而不知不觉地发展起实证精神；因为操作者本身的工作具有更单纯的性质，目标更为明确，效果更为直接，条件更加具备。因此当实证学派能够适当深入这一社会阶层的时候，自然就更易于开展普遍教育，为自己的哲学革新赢得更热衷的支持。由于无物欲上的挂虑，这使无产者自发接近真正的思考阶层，起码当后者的德行终于与自己的社会使命相称的时候是如此；据此，实证学派同时还会有着道德方面的吸引力，这跟精神和谐同样宝贵。

在实际社会的这两种极端成分之间理应存在着普遍的关系；据此关系的系统化，这种既有利于普遍秩序也有利于个人真正幸福的巧妙安排，将来有一天会取得正常的重要地位。而从现在起，给无产者填补少许的闲暇时间，可以基本上促进二者新出现的结合；无产者每日劳动，留下接受思辨教育的时间不多。在极度繁忙的特殊情况下，这种持续存在的障碍，看来的确会妨碍任何精神发展；但尽管如此，适度的无远虑的品性却常常弥补这方面的不足，它在强制劳动的自然间隙过程中使精神得到充分的舒展。唯有那自以为特别拥有空闲时间的阶级常常缺乏真正的闲暇，因为它通常都为自己的财产和地位而忧虑操心，这使它几乎得不到精神和良心的真正安宁。反之，思想家与实际操作者，他们都自然而然摆脱关于资金使用的担忧，也不必理会日常生活的自然规律性；他们的情况会来得好受一些。

当这些不同的精神和道德倾向相应起作用的时候，实证教育的普遍推广就会在无产者当中得到最好的体现，这是逐步完成哲学革新的必要条件。这种学习的持续性，也正是在他们身上有可能成为最纯粹的思辨性，因为它更易于摆脱上层阶级直接或间接带来的追求私利的观点；上层阶级几乎总是一心一意地进行贪婪的或野心勃勃的盘算。无产者首先从学习中寻求整个人类智慧的普遍基础，然后还要从中获得平常的愉悦消遣，为的是排遣自己的日常辛劳，正如从美术中吸取快乐一样。这样的消遣（不管是科学的或是艺术的）对于无产者来说，因其无法回避的社会条件而变得十分宝贵。奇怪的是，管理阶级却反而把这看作是基本上不让无产者享受此消遣的根本理由；无产者已不得不乖乖地放弃常人不可及的娱乐，而统治者连唯一可以无限度分给他们的享受也执意拒绝。为了替这种常常由自私自利和未深思熟虑决定的拒绝进行辩解，人们有时的确提出反对意见，说思辨的推广会加深目前的混乱状况，同时使已经明显的不幸安排在普遍降低的等级中发展起来。但是今天这种自然而然的担心（这条唯一的反对意见，值得认真讨论）在大多数情况下是出于善意的，根源是把艺术与科学的实证教育与当前唯一安排的形而上学及文学的教育荒谬地混同起来。我们已认识到后一种教育在知识阶层中产生十分混乱的影响；如果将其推广至无产者，那的确会变得更加危险；它除了助长对实际活动的厌恶情绪，还会激发起极度的野心。不过，幸而即便人们准备施予无产者这种教育，一般来说，他们仍然对此没有多少要求。至于精心设计、适当安排的实证学习，它一点儿也不会带来这种影响。反之，由于其性质，这种学习因与一切实际工作结合并适用于一切实际工作，它们将趋向于巩固乃至激发人们学习兴趣，或者使学习的习惯性高尚起来，或者减轻其艰辛后果；它们还引导人们对各种社会职位及其相应的必要性作出健康的评价；它们令人感到，真正的幸福是和任何境遇相容的，只要这些境况得到有体面的充实并合乎情理地被接受。由此而产生的全部哲学代表着人，或更准确地说，代表着作为已知存在物之首位的人类；人类凭借整套实际规律，总是尽可能从各方面改善自然秩序而免于一切空幻的忧虑；这样一来，便有助于大大增进关于人类尊严的积极的普遍意识。同时，这种哲学自发地抑制着此意识可能激发的过分骄傲；它通过习以为常的明显事例从各方面表明：无论在实际生活中或在思辨生活中，我们依然达不到如此富有特点的目标和模式；

人们几乎每一步都感觉到，我们的崇高努力永远只能克服一小部分基本困难。

尽管上述各种原因非常重要，但还有一些更有力的理由决定民众智慧今天以其对于普及实际学习的持续热情来支持实证学派的哲学活动。这些理由与适应无产者社会境况的重大集体需要相关。人们可以将其归结为这么一个总的看法：迄今为止，特别深得人心的政策并未能存在，唯有新哲学能够制定这种政策。

自从现代重大危机开始以来，人民还只是作为单纯的辅助力量参与重大政治斗争，无疑是怀着多少改善自己一般境遇的愿望，而不是根据自己实际固有的观点和追求的目标而参与的。所有常见的争论一向主要集中在各个上层或中层阶级之间，因为争论尤其与控制政权有关。然而人民不可能长时间密切关心这种冲突，因为我们的文明本质显然是压抑无产者任何认真参与实际政权的希望甚至意愿的。因此，在基本实现各种社会成果，即他们所能期待的由形而上学学者和法学家暂时代替从前的僧侣阶级和封建阶级的政治优势之后，他们今天对于这些日益卑劣、从此几乎沦为个人无谓攻击的斗争的徒然拖长便越来越不感兴趣。形而上学学者凭借所谓政治权利的诱饵致力于鼓动他们参与这种无聊的争斗；不管形而上学日常的鼓动功夫如何，人民已本能地认识到：拥有这种特权是多么的虚幻或形同儿戏，在法国尤为如此；在目前的歧视情况下，对于大多数专享此种特权的人来说，通常也引不起任何真正的兴趣。人民主要关心的只是政权在什么人手里能有效的运用，而不是由自己专门去夺取。政治问题，或更准确地说，由此而来的社会问题，通常与政权如何更好地达到自己的总目标相联系，

而在现代人中总目标则主要与无产者大众有关；人们很快就会认识到：当前的鄙弃，完全不是由于有害的漠不关心。迄今为止，民众舆论依然对这种争论格格不入；在有识之士看来，由于这些争论会使所有政权更加不稳，因而将特别导致推迟这种必须的变革。总而言之，人民自然抱有这样的愿望：关于权利的激烈的无谓争论最终将被对各种基本义务（普遍的或特殊的）作出充实而有益的评价取而代之。这就是彼此紧密关联的自发性原则；这种联系迟早会感受得到，它必然会把民众的本能纳入实证哲学的社会行动中去。因为这种重大的变革明显地等于把当前的政治运动转化为单纯的哲学运动，后一变革受崇高的思辨因素所推动；事实上，哲学运动的首要社会成果是牢牢确立引人向上的普遍道德风尚，为每一个个体或集体的成员规定最符合基本和谐的行为准则。人们越是思索这种自然的联系，便越认识到：那种只能来自于实证精神的决定性变化，今天只能在真正的人民当中赢得坚定支持；唯有人民易于理解变化并深切地关注它。上层或中层阶级所固有的偏见和欲望都妨碍其首先充分领会这种变化，因为人们通常易于感受的是掌握政权所带来的好处，而不是滥用政权所导致的危险。虽然人民现在对直接掌握政权漠不关心（今后想必依然如此），但是它绝不可能放弃对道德权威的必不可少的持久参与；这种权威唯一能令大家真正接受，而且对普遍秩序并不构成任何危险；相反，它凭借其日常的巨大优势，以普通基本学说的名义，恰如其分地呼吁最高权力机构履行其各种基本义务。说实在的，过渡阶段或革命阶段存在的偏见也多少感染我们的无产者；的确，它令无产者对于所谓政治措施的无限影响保持着有害的幻想，而且妨碍其作出这样的估量：民众重大利益的合理满足今天更多的是取决于舆论和习俗，而不是制度本身；后者的更新（目前不可能）首先要求精神上的重建。不过人们可以肯定地说：实证学派使这种健康教育深入民众的精神较之于其他方面更为容易，因为破坏性的形而上学无法深深扎根，尤其是还因为受社会需要的不断推动；社会需要是和民众的必然状况相联系的。这种需要实质上关系到两方面的基本条件，一是信仰的，另一是世俗的，性质上紧密关联；的确，问题是首先保证向全体人员适当提供正规教育，然后提供稳定工作；归根结底，这也是无产者的社会纲领。要真正赢得民心，唯有务必实行上述双重目标的政策。显然，这便是新哲学派别所固有的社会学说的自发性质。我们前面已作了解释，这里大概无需就此另作说明；况且本《论》经常提到的著作已经专门述及。

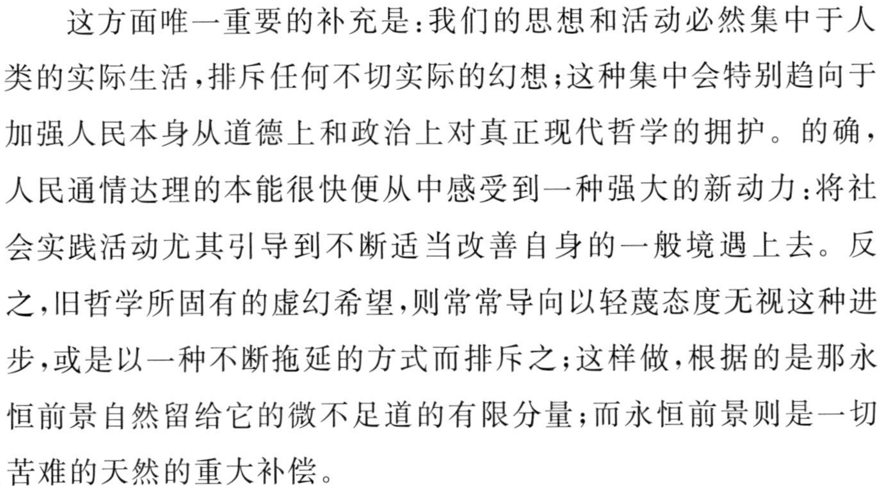

这方面唯一重要的补充是：我们的思想和活动必然集中于人类的实际生活，排斥任何不切实际的幻想；这种集中会特别趋向于加强人民本身从道德上和政治上对真正现代哲学的拥护。的确，人民通情达理的本能很快便从中感受到一种强大的新动力：将社会实践活动尤其引导到不断适当改善自身的一般境遇上去。反之，旧哲学所固有的虚幻希望，则常常导向以轻蔑态度无视这种进步，或是以一种不断拖延的方式而排斥之；这样做，根据的是那永恒前景自然留给它的微不足道的有限分量；而永恒前景则是一切苦难的天然的重大补偿。

上面的简略估量足以从各个方面表明下层阶级对实证哲学必然意气相投；一旦与下层阶级的关系能够充分建立起来，实证哲学就会从中找到精神上与社会上的自然而然的重大支持；而神学哲学只适宜于上层阶级，它力图永久维持其政治优势；形而上学哲学则主要面向中层阶级，它支持其勃勃的野心。因此，凡是好思索的人最终都会认识到，有步骤地适度推广主要面向无产者的实证研究今天具有真正的重大意义，为的是培育健全的社会学说。现在各式各样暂时能够摆脱日常纷扰的观察家，都一致抱怨今天诡辩家与夸夸其谈者所造成的混乱影响，当然他们的抱怨是很有理由的。但是，官方教育通常只能培养出夸夸其谈者和诡辩家；只要人们没有进一步感到必须最终摆脱这么一种精神状态，那么上述的正当抱怨就肯定照样无补于事；而诡辩家与夸夸其谈者随后自然而然地通过报刊、小说、戏剧三重教育手段竭力向下层阶级宣扬同一思想；没有任何正规教育可使下层阶级避免形而上学的感染，唯有靠本身的天然理性而拒斥之。人们在这方面理应作如此的期待：现在各国政府将会很快领会到，全面普及实际知识能够在多大程度上进一步支撑为勉强维持必需秩序而做的不懈努力。尽管如此，现时还不要指望或期求各国政府为这一伟大的合理安排进行真正的积极合作；这种安排在长时间内主要来自于由真正哲学信念所激发和支持的不受拘束的个人热忱。在我们混乱的精神状态和道德状态下，政治和谐不断受到损害；为好歹维持大致的和谐，各国政府日常正为此大费心机，甚至眼光变得极端短浅，因而无法恰当地理解此项工作的性质和条件，而那是需要它们看到其重要性的。要是各国政府今天凭着不适当的热情企图支配此项工作，那最终只会破坏它，令其丧失主要效果，使之与相当明确的哲学不发生关系；如此一来，很快便令它蜕变为各种浅薄专业的支离破碎的堆砌。这样，由哲学上的真正有识之士自愿积极促成的实证学派，为了适时地完成其伟大的社会使命，长期要求我们的西方政府给予的，无非是相当于神学派别与形而上学派别所享有的表达与讨论的充分自由。前者能够每日在神坛上随意宣扬它的绝对优越的永恒教义，将其所有对手置于万劫不复的境地；后者可以在国家慷慨提供的众多讲坛上，天天向广大听众阐发其本体论观念的普遍效果及其文学研究的无限优越性。实证学派无法指望享受这样的优惠(唯有时间能够提供)，它今天基本上只要求有权在市镇地方获得一个固定场所，用以直接说明自己的能力：它最终能够同时满足我们的一切重大社会需要，而且有分寸地推广唯一的系统教育；今后这种教育可以为真正的重建做好准备，首先是精神上的重建，然后是道德上的重建，最后是政治上的重建。只要这种自由的入口一直是对实证学派开放的，它的为数不多的倡导者的自愿的和不计报酬的热情，通过普遍良知的支持，在基本形势的日益推动下，就是从此时此刻开始也绝不害怕面对两个古老学派甚而联合起来的众多强有力的喉舌，进行主动的哲学竞争。无需担心政治家往后会在这方面严重偏离公正的温和态度，那种态度是由于他们对思辨漠不关心而固有的。实证学派甚至要在这方面仰仗他们当中的有识之士的通常照顾，不仅在法国如此，在整个西方也一样。他们对民众自由教育的长期监督，不久就将只限于为此规定真正实证性的常备条件，同时以坚定的严厉态度排斥仍然十分盛行的不着边际的、或诡辩式的思辨。不过，在这个问题上实证学派的基本需要与各国政府的正常义务直接相通；因为，如果说各国政府反对滥用思辨是因为其无政府主义倾向，那么实证学派，除此正当理由之外，还认为这完全违背上述教育目标，而且会重新煽起形

而上学精神,而实证学派把这个看作是新哲学奠定社会基础的主要障碍。从这个角度以及从其他方面来看,实证哲学家一贯感到几乎和现政权一样关注着内部秩序与外部和平的持久维持,因为他们认为这是最宜于精神和道德的真正革新的有利条件。不过,他们按照自身的观点,必定更有远见地看到可能危害或巩固整个过渡状况的伟大政治成果的东西。

我们已经从各个方面充分说明今天全面普及实证教育所具有的头等重大意义,尤其是向无产者普及更为重要,目的是今后为哲学创建提供必需的精神基础与社会基础;哲学创建必然会逐步带来现代社会的精神重建。但是,本《论》的末章如不直接阐述建立适应这一系列研究的基本秩序,从而确定本"论"后面专门阐述的内容从总体上应获得的真正地位,那么,上面的论述就依然是不全面甚至是有缺陷的。这种教育安排远不是无足轻重的(我们有害的科学模式却常常令人这样认为),相反人们可以肯定地说:这种伟大的酝酿工作的重要精神效果或社会效果正是取决于上述的安排。再说,作为根据的百科全书观念与作为总体新哲学基础的基本进化规律,二者之间也存在着十分紧密的关系。

这么一种秩序,就其性质来说,应该具备两个基本条件:一是学理的,二是历史的;首先必须承认二者必然汇合到一起:前者在于按其次第互相依存的关系来安排学科,使每一门学科都以前一门学科为基础而又为后一门学科作准备:后者规定按其实际形成的进程进行安排，总是由古及今。然而，这两条百科全书道路自然而然的一致性一般取决于个体进化与集体进化所必然存在的基本同一性；两种进化本源相同，目标相似，动因同一，除了两种机制不一所固有的期限、强度与速度的不同，总要呈现出相应的阶段。因此这种必然的汇合可以使人把两种模式看作是百科全书唯一原则的两个相关方面，从而也就能够常常运用每每把有关关系显示得最好的那一方，而且有着可贵的能力，总是能够凭借此方来查核来自于另一方的东西。

这种学理互相依存、历史次第相续的共同秩序的基本规律，在上文提及的大型著作中已被完全证实，是它决定该著作的总纲领。这一规律表明，要按照所研究现象的性质，根据其普遍性及其递减的依存性或其递增的复杂关系来安排各个不同学科。这样进行的思辨，由于与人的关系、或更准确地说与人类的关系更为密切，也就越来越具体，越来越艰巨，但也越来越卓越，越来越全面；而人类是所有理论体系的最终对象。对自然现象进行思辨比较的所有各种方式之间，存在着恒久的必然的同一性；上述安排就从这种同一性中得到其主要哲学价值，包括科学价值和逻辑价值，许多百科全书式的定理也由此而来，定理的解释和运用由所提及的著作去做，该著作还从积极方面补充陈述这种重要的普遍联系：各种现象越来越可能被改变，从而为人类的干预提供日益广泛的领域。这里只需扼要指出这一伟大原则如何用来合理确定各种基本研究的真正类别，从此各门学科径直被视为唯一的科学、即人类科学的各个基本组成部分。

我们所有实际思辨的这一最终目标，就其科学性与逻辑性而

言，显然要求两个必不可缺的前提条件，其一是关于人的本身，其二是关于外部世界。事实上，如果人们没有首先充分认识造成各种社会现象的特殊因素以及各种现象最终形成的总体环境，人们就无法合理研究其静态或动态的情况。由此便必然导致将孕育社会哲学的自然哲学分为两大门类，一是有机的，二是无机的。至于两种同样是基本的学科的相对安排，有一切理由（科学的或逻辑的）这样认为：在个人教育和集体进化的过程中理应从第二门类开始；其间的现象较为简单也较为独立，因其高度的普遍性，唯有它可以首先接受真正的实证评价，而其规律与普遍存在直接相关，随后必然对生物体的特殊存在产生影响。从各方面来看，天文学必然构成关于外部世界的先决理论的决定性成分，或是因为它更能具备充分的实证性，或是它说明我们所有现象的大环境，而且它对一切真实物体表明共同的单纯数学存在，亦即几何学或力学的存在（不带任何其他复杂性）。不过，即使人们尽可能扼要表述真正的百科全书式观念，也不可能将无机哲学就归结为这一主要成分，因为这么一来它就完全脱离有机哲学了。二者科学上和逻辑上的根本联系主要在于前者的最复杂的分科，即对于合成和分解现象的研究，那是宇宙存在所包含的现象中最突出的现象，而且也最接近真正的生命模式。因此，被视为社会哲学的必然开端的自然哲学首先包括三个学科，即依次为天文学、化学和生物学，两个各执一端，一个介乎二者之间，天文学与真正科学精神的自发本源直接相关，而生物学则与其根本使命相联系。最初三者的分别发展从历史上来说依次与希腊古代、中世纪以及现代发生联系。

这种百科全书式的见解尚未完全符合此科目必不可缺的连贯

性和自发性的条件。一方面，它在天文学与化学之间留下一个重大的空缺，二者的联系不可能是直接的；另一方面，它没有指明作为共同理性的单纯抽象延伸的思辨体系的真正源泉，其科学出发点不可能直接是天文学。但是为了使基本公式完整起见，在这庞大体系的开头，首先要放上数学科学；数学是唯理实证论的必然的唯一摇篮①，对个体和群体来说都是如此。如果人们更专门地运用我们的百科全书式原则，把这门发端的科学分解为三大支，即算术、几何和力学，那么最终就能以最高的哲学准确性确定整个科学体系的真正本源；事实上这一体系首先来自于纯数字的思辨，这些思辨是一切思辨中最普遍、最单纯、最抽象的，而且也是最独立的，在一般的有识之士那里，它们几乎与实证精神的自发冲动融会在一起，这正如我们眼前对个人发展的日常观察再三证实的那样。

人们由此便逐渐发现六门基本学科不变的序列：既是历史的和学理的，同时又是科学的和逻辑的。这六门学科是：数学、天文学、物理学、化学、生物学和社会学；第一门必然作为独一无二的出发点，最后一门是整个实证哲学的唯一基本目标；按其性质来说，实证哲学从此被视为构成不可分割的体系；在此体系中，任何分解都是人为所致，而且不无随意性；最终一切都和人类相关，这是唯一具有充分普遍性的概念。这种百科全书式公式的整体，正是顺从各门相应学科的真正亲缘关系形成的，而且也明显包含我们实际思辨的一切成分；它最终能够令每个有识之士以几乎是不知不

① 后来孔德反对“数学唯物论”（数学家想把自己的方法强加于更复杂的学科的倾向）时这样说道：“摇篮并不是御座。”——原注

觉的方式从微末的数学观念过渡到最高的社会思想，从而按自己的意愿重新提出实证精神的普通历史。的确，显而易见的是：可以说，处于中间位置的四门学科，就其涉及最简单的现象而言，每一门与前一门相通，而就其牵涉复杂现象而言，则与后一门相通。这种自然而然的完善的连续性对于如下的所有人来说尤其无可置疑：他们通过上文提及的著作将会认识到，同一百科式原则也为每门基本学科的各个组成部分提供合理的序列，从而使学理等级与历史阶段能够按照精确比较或转换方便的要求尽可能互相靠近。

在目前的智力状态下，这种重要公式的逻辑运用比起其科学应用更为重要；今天更主要的是方法而不是学说本身，唯有方法能即时全部更替。因此，逻辑运用的主要功用目前在于：在荒谬的偏见和有害的习惯当中，严格确定一切真正的实证教育的不变进程；荒谬偏见和有害习惯是科学体系初期发展阶段所固有的，而这种体系是由支离破碎的片面理论逐渐形成的，它们的相互关系迄今为止尚未为其接二连三的建立者所发觉。当前所有层次的学者都严重违背此种基本职责，虽然以不同名义而为之。这里只限于指出两个极端的事例。几何学家有理由为自己处于唯理实证观念的真正源头而自豪，却盲目坚持把人类灵性纳入真正思辨发展的纯粹初级阶段中，而从不考虑其必然的唯一目标；反之，生物学家虽然正确宣扬其研究对象（与这一伟大使命紧密相连）的崇高地位，但却固执地将其研究置于不合理的孤立状态中，任意摆脱其性质所要求的艰苦预备工作。这两种同为经验主义的相反倾向，今天在一些人那里往往导致徒费其智力，从此把大部分力量花在越来越无用的研究上；在另一些人那里则导致对各种基本概念持续变

化无常，而不能朝真正的实证主义前进。尤其是在后一方面，人们的确应该看到：在神学—形而上学精神的无谓支配下，今天的社会研究并不是仍然置身于充分实证体系之外的唯一研究，事实上，生物研究本身，特别是动力学研究，虽然在学术上已经成形，但至今还未达到真正的实证境地，因为今天并没有哪一门主要学说凭借实证观念充分完成其建设工作，而致虚幻和花招仍然保有几乎是无边无际的余地。然而这两方面可悲状况的延续，主要归因于我们百科全书式规律所确定的伟大逻辑条件并未充分实现。因为长久以来，谁也不否认必须朝实证目标前进，但大家都不了解其中的性质和责任，唯有真正的科学序列才能说明。如果关于各种较简单、较一般的现象的方法和学说竟缺乏健全评价的相应准备，以致无法充分了解归纳逻辑乃至纯粹的演绎逻辑，那么对于社会现象，甚至对于个人生活以及直接接触复杂思辨文化的单纯研究，事实上又能指望什么呢？归纳逻辑，在其初级阶段，主要通过化学、物理学、而首先是天文学说明其特点；演绎逻辑，亦即决定推论的基本艺术，只有凭基础数学知识才能适当发展它。

为了我们的序列公式便于日常运用，当人们无需要求百科式的准确性时，把术语双双连在一起，从而组成三对：第一对数学—天文学，最后一对生物—社会学，以中间的一对物理—化学将前二者分开又将其连接起来，是很恰当的。这种巧妙的集结出自于毋庸置疑的判断，因为事实上，在每一对的两个成分之间较之于各对前后之间存在着更紧密的自然联系；正如把以下学科分开所感到的困难常常证实的那样，由于含混的习惯依然支配着一切总体思维，要把数学与天文学，物理与化学截然分开深感不易；尤其是生

物学与社会学在大部分当代思想家当中仍然几乎混在一起。这种有害的混淆根本损害百科性的转换。为了不致落到这种地步，把实际思辨的基本序列归结为主要的三对，那常常是有好处的；而且每一对还可以按其最特殊的成分加以扼要表示；此成分实际上总是别具特色，最宜于用以确定个体或集体的实证演变的重大阶段。

这一简要评述足以在这里表明百科性规律的用途并显示其重要性；两种主导观念之一最终寓于其中，而二者的自发紧密结合必然构成总体新哲学的系统基础。在这本长的《论文》中，已经从所有角度说明真正的实证精神。本《论》的结束处与其卷首接近，因为这种序列理论最后理应看作是与最初阐述的进化理论自然结合在一起；因此，本论文自身便构成一个真正的整体，忠实地反映（虽然以压缩的形式）一个庞大的体系。为了适当运用我们关于三个阶段的最初规律，也为了充分消除可能带来的唯一重大异议，经常考虑这种序列是绝对必须的。事实上，这点不难理解；因为，关于不同思辨的三个重大精神阶段在历史上的经常同时出现，可能从另一方面构成不可解释的例外，反之，我们关于各种实证学科的连续和隶属关系的序列规律，则自然而然地解决此问题。从相反的角度也可以这样理解：序列安排的规则以发展规则为前提；因为现存秩序的一切基本动因归根结底是来自于各种基础科学发展速度的不平衡。

两种主导观念的合理结合也从另一方面保证各个主要部分的适度独立，而这种独立还曾常常受到有害的连接所破坏。上述的结合构成科学体系的必需的统一，其中所有各部分越来越趋向于达到同一目的。实证精神在其最初的发展阶段中（迄今为止只实现了这一阶段),大体从低级学科逐渐扩展到高级学科;后者必然受到前者的粗暴侵害;为了抵御前者的影响,后者必然具有的独创性首先只有借助于过渡延缓的神学—形而上学才获得了保证。这种可怜的动摇,对于生物科学而言,仍然十分显著;今天它正说明关于唯物论与唯灵论的漫长争论所包含的真实方面;而从另一方面说来,这种争论却毫无用处,它以有害的形式暂时反映了对我们某些思辨的现实性与庄严性的重大需要,虽然很可惜,此类需要至目前为止是矛盾对立的。今后,实证精神达到其系统成熟程度,就要通过同时满足两个被错误地对立起来的条件,结束无谓的争议,从而同时消除这两种谬误,正如我们那结合进化规律的科学序列随即指出的那样;因为只有每门科学自身的独特性充分巩固,才能获得真正的实证性。

直接运用这种既是科学的又是逻辑的百科性理论最终将引导我们准确地规定专门教育的性质和目标。本《论》就是论述这种专门教育。事实上,从以上的说明可知:我们今天在适度普遍推广实证学科方面所应追求的,首先是精神的然后是社会的效果;这种重要效果必然取决于严格遵循序列规律。为了对个人迅速传授或是为了对集体长时间传授,实证精神都必须从最初的数学状态逐步过渡到最终的社会学状态,先后通过中间四个阶梯:数学的,天文学的,物理学的,生物学的。将来仍然必须如此。随着本身领域的扩大,实证精神也发展着自己的模式。任何个人的优越地位都不可能脱离这种基本递进;关于这一点,人们有许多机会看到,今天在高层知识界中,存在着无法弥补的缺陷,这种缺陷有时抵消了哲学上的卓越的努力。在普及教育中,这样的进程变得更为必需。

普及教育中的专门化知识无关紧要，它的主要功用（逻辑上多于科学上）基本上要求充分的理性，当涉及最终构成真正的精神体系的时候尤其如此。因此，今天这种大众化教育主要应当和最初那一对科学结合起来，直至教育得到适当普及为止。所有的人首先要吸收普遍实证性的真正起码的基本概念，正是在这个方面，同时还要吸取作为其他一切实际思辨之基础的知识。虽然这种严格限制必然导致将纯数学学科置于发端的地位，然而，应当考虑的是，现在问题还不是建立大众教育直接、完善的系统，而仅仅是进行适当的哲学推动，这一推动**导致该**系统的确立。由此，人们就不难认识到，这一运动尤其取决于天文学科；就其性质来说，它必然充分体现真正的数学精神，而且归根结底成为它的主要目标。目前仅以天文学来说明最初一对学科的特点是不大适宜的，尤其是因为适当推广天文学所真正必需的数学知识已经相当普及，而且也不难掌握，竟至人们今天有可能仅仅这样认为：这些知识是自发酝酿而成的。

在初期系统传播实证知识的阶段中，天文科学这种必然的优势完全符合这门学科的历史影响，迄今为止，它是伟大智力革命的主要动力。的确，自然规律不变的基本感觉首先是面对最简单、最普遍的现象而发展起来的，其高度的规律性和巨大的数量向我们表明：那是唯一的实际秩序，完全不以人类的任何变动为转移。此类观念，甚至还未具备任何真正科学性质的时候，就已导致从拜物教向多神教的决定性过渡，处处都是来自于对诸星体的崇拜。在泰勒斯和毕达哥拉斯学派中，其数学雏形后来构成了多神教衰落一神教兴起的主要精神源泉。最后，现代实证观念的系统发展基本上是源于由哥白尼、开普勒和伽利略开创的伟大的天文学革新。现代实证观念正公开趋向于形成新的哲学体系。因此,实证观念的普遍传授,按照个人教育必须与集体进化相符的原则,也就首先取决于这门学科,那是没有什么可奇怪的;而这门决定性哲学的直接确立则有赖于普遍传授。这无疑是人类理性全面发展过程中理应为其承担的最终基本任务;理性一旦在所有人中间达到真正的实证状态,接着就会在新哲学的推动下前进;这一推动直接来自于最末的那门学科,从此它永远正常存在。这便是此处从关于目前健全的天文学科体系的正确而通俗的阐述中所获得的卓越功用(社会的不下于精神的)。

附　件

一

致科技协会主席，市政府大厦，圣约翰厅。

主席先生：

关于在协会中首次为巴黎工人开设科学课程的问题，我的工作不允许我对此爱国之举即时参与一切合作，为此深感歉意。我甚至认为，在最近期间我不会主动提出什么，因为我相信，每星期我仅能支配的两个晚上会在整个冬季期间很快被本周我在阿泰内开讲的课程所占满，而这门课程我很久以前就答应了的。但该课今年只安排每周一次，我随即向协会提议，把这种原先未料到的安排所留下的那个晚上用于向工人讲授普通天文学的基础课程，其主要目的是阐述宇宙体系的基本现象，同时说明主要的应用方面。

虽然这样的课程工人无法马上应用，但其实用性是毋庸置疑的；因为它的目的是使工人对天文学问题获得准确而明晰的概念。这个问题正吸引众人的注意，哪怕是无意识的注意；他们对此问题如无正确的观念，则必然抱着荒谬的看法，这对他们的智慧总体系肯定产生不良的影响。至于工人对接受此类性质教育的能力，我相信，如果人们摆脱由社会习惯而形成的偏见，就会比未经初步适当学习的世人真正更好地清楚领会这种讲解，而我天天讲授的课程有着同一的目标。我比任何人都更深深地感到，在一个完整的教学体系中，多么需要严格坚持各门学科的自然层次。但是我们还不能够为工人安排自然系列的科学课程，而在此之前，我坚信，我们应当主要致力于向他们传播实证观念，为的是在他们脑海里激发起对自然哲学各个基本分支的合理课程的兴趣和需要。我觉得本人主动开设的课程十分符合这样的目标。我也希望它能引起工人的兴趣，而且通过一种以理论为主的新型教育的吸引力能够在他们身上激发起正确的自尊意识；迄今为止，这种教育只是为公子哥儿们而设的。

主席先生，请接受我诚挚的敬意。

奥古斯特·孔德

1830年12月14日，星期二

巴黎，圣雅各街，159号

二　秩序与进步

在全西欧向人民进行实证教育的自由协会

事先重组舆论和习俗是唯一的坚实基础，根据这个基础，随着公众意识自由地接受人类精英的整个过去所倾向的最终体系的基本原则，社会机构就有可能逐步获得新生。因此健康的大众教育今天便成为达到有组织地完成伟大革命所特有的真正性质的首要条件。无产阶级本身尤其理解这种需要，他们虽然具有令人赞叹的高贵的自发本能，但他们都感到，系统的培训是多么必不可缺。

根据自由教育与自由结社这两个今后无可置疑的权利，我宣布最近成立一个独立的协会；它在秩序与进步这一具有特色的口号下，尽其所能完成这一社会职责。它专门致力于通过一贯免费的课程开展名副其实的实证教育。课程自由听讲，永远不受限制；课程包括两个方面，其一是数学、无机学科、生物学；其二是历史。后者虽然通常是经验性的，但却是真正社会科学必不可少的初阶。不过，协会既不理会任何明白无疑的原理，也十分注意不去研究举凡得不到真正证实的问题。

本协会非但不隐瞒其教育的直接社会倾向，而且为使智慧真正服从于社会性将付出不懈的努力，与此同时还始终把精神视作是内心的主宰。在协会看来，归根结底只有一门科学，即人类学。对这门科学而言，其他一切实际学科都不外是必须的入门课程；它们目前的专业知识只能通过这种持续追求的目标而加以修正。不过，除了这一普遍原则之外，通常各门课程的组合仍然全凭教师的自由信念而定，绝不对他们强加任何的教学方案。

为此，本实证协会拥有两类会员，名额不限；一类以他们一定的时间从事大众教育，另一类通过各种合法渠道促进教育的实施和发展。

虽然协会应以巴黎为其主要活动中心，但其业务范围决不限于法国。它涉及五个先进国民；它们向来有着一定的密切关系，乃至自查理曼以来，从受古罗马同化之日起便形成强大的西方共和国；尽管内中存在民族差异，后来又加上宗教分歧，但仍然完成了智慧和社会的发展；人类的其余部分，甚至在欧洲，也还没有提供出真正与之相等的榜样。因此，本西方协会既在法国这个中心保持大革命初期赋予它的自然创造力，同时还将其日常活动扩展至德国、英国、意大利和西班牙。这种不可或缺的职责扩展（各处都迫切需要）必然要求本实证协会，既不拒绝各西方政府的援助，又始终对任何政府保持独立性。

在这一伟大社会事业中，我直率地呼吁，一切能够以某种方式有助于此的人们进行合作。而我尤其吁请，那些自己认为可协助此事业的综合工科学院的老同学和学生在无机学科方面予以合作，还邀请能参与此事业的医生或博物学家在生物学科方面进行合作。

每天晚上七点至九点在我家——王子先生（Monsieur-le-Prince）街 10 号——接纳要求入会的申请书，函寄亦可。

奥古斯特・孔德

1848 年 2 月 25 日，星期五

于巴黎

三 秩序与进步

实证主义协会创建人致志愿入会者

我在秩序与进步这一别具特色的口号下刚建成一个政治协会，目的是在大革命的进步方面（基本上是建设性的）完成类似于雅各宾派在秩序方面（必然是批判性的）所履行的职责。协会的活动甚至纯然是咨询性的，不夹杂任何人为的干预；因为它将建立在全部新学说的基础上；协会的成员还不太多，除了赢得出自于会员明智的判断和见解而形成的自由公开赞赏所产生的影响之外，就不可能博得其他任何社会影响。在本人的《实证哲学》这部基本著作中已对此学说作了阐述。这门学说的特点尤其表现在最后两卷的历史编写上，它根据人类的整个过去断定社会的未来，不带乌托邦幻想，由此而确立真正的政治科学，这是相应工艺[①]的理性基础。

因此，实证主义协会提出，要逐步推行这一新科学原则，并在事件的自然进程中及时地加以运用，或是为了评价已完成的事情及所采取的措施，或是特别为了显示实际倾向和指出校正倾向的最佳方法。虽然本协会应该特别致力于探讨一般形势所提出的并受公众关注的问题，但也准备介绍尚未提到日程上来的有争议的问题，只要本会认为这有助于澄清自发的争论。总而言之，本会的总目标是：推动确立由实证主义所代表的新的精神权威，因为只有实证主义通过当前人类精英所倾向的最终体系的直接作用才能完成革命。为此，本会将在目前环境许可的情况下运用这一学说来主动设计有关评价、咨询、筹备的职能；今后此决定性的权威，在众人的同情和不懈的支持下，将会有步骤地使此职能完善起来。

根据这一目的，实证主义协会的精神职责将不会仅仅局限于法国。它自然包括所有先进国民。虽然他们存在着民族分歧，但现时都有着革新社会的共同基本需要，今天革命危机的逐渐扩展就证明了这一点。因此，这种精神职责应该包括整个伟大的西方共和国。它始发于古罗马归并，在查理曼治下直接形成。自中世纪以来，它到处促成智慧发展和社会发展，有消极方面也有积极方面。人类的其余部分，甚至在欧洲，也还没有提供出真正与之相等

① “工艺”一词的含义见《正文注释》(8)。——译注

的榜样。这个精英家庭，以法国为中心，包括德国和英国，也包括其天然附属国：意大利和西班牙。这就是实证主义协会按照健康的历史理论今天拟定的精神职责的必要范围，而且始终照顾每个民族的实际情况。第一期革命主要是法国革命，因为其他地方由于准备不足，开端的震动没有成为决定性的震动。但是相反，第二期革命出现在整个西方，似乎是普遍必然的，精神重建是这次革命的主要特色，它已到处显示出迫切性。渴望秩序的天性与渴望进步的本能尚在对立中，二者的基本协调只有经常站在历史观点的高度才能设想并加以实现，这种观点相当明确而且涵盖面较广，唯有它能适当地指出祸根以及救治之法。既然旧制度的解体是在十四世纪从其西方职能的自发瓦解而开始的，今天新体系的重建也理应走同一的道路。因此，实证主义协会在其感情和理念方面既不是民族的，也不是世界主义的，而是西方的。再者，本协会认为，最后的改革日后必然会以一定的渐进方式在联合的西方的明智帮助下，扩展到人类的其余部分。

第二期革命精神性多于世俗性，今天尤其如此；理性的观察家认为，自从社会科学建立从而揭示了人类未来的真正综合性质以来，第二期革命已经开始了。过去这一点一直看不清楚，甚至我的主要前驱者，著名而又不幸的孔多塞[①]也是这样。不过，这种智慧条件并不是实证主义协会成立的主要动因；不久前在法国出现的良好的政治变革才表明了有成立此协会的可能性和迫切性。

---

① 法国哲学家、数学家、政治家（1743—1794），曾提出改革公共教育的方案。——译注

法兰西共和国宣布成立(从今以后再也不可逆转)从各方面来说都是西方自波拿巴垮台以来所发生的最重大事件。宣言书中清楚地归纳了革命所否定的整个部分,彻底粉碎了反动派的希望和幻想。在法国,自路易十四统治后期开始,反动派便都归附在仅有的王权名义下,不管这王权以什么形式维持着。另一方面,“共和国”的称谓以其美妙的建设性含义,表达出关于真正社会前途的普遍纲领;这个纲领与其说是理性的倒不如说是感性的。因此,它宣布政治必须始终服从于道德;在天主教的原则指导下,中世纪时期已把道德出色地规范出来;但只有按照更完善的精神体系并在更有利的环境中,这种道德才能充分实现。重建舆论和习俗,这是社会制度逐步革新的唯一坚实基础。这一重建工作自然更有力、更明确地摆到重大议事日程上来;与法国过去整个历史相反的制度的虚假优势,最近并不能做到这一点,而它却自以为可以提供最终的解决方案。同时,根据现时完全缺乏系统信念的情况(这是先前一切信念受到有益动摇的标志),精神重建变得更为必要,而且也更容易。一种真正完整、而且在其运用方面前后一贯的学说理应在一些有识之士当中获得更多的响应,他们厌倦精神上的无政府状态,而且不可能完全拒绝哲学的论证。

由于存在重大空白,今天某种程式上的需要正引导人们正式回到与革命的批判部分相适应的形而上学学说方面去。尽管如此,但每个人都知道,那种过时的学说,在一些不得不暂时求助于形而上学学说的人们当中,并不能引起真正的信念,只有少数几个落后的、没有多少影响的人除外。通常处于优势并受到一致公认的秩序意识,不久便会在各方面表明:纯粹革命哲学无力的复兴,跟说明我们时代特点的需要和倾向多么不相容，在法国尤其如此，法国既排斥无政府主义，更排斥落后倒退。

某些消极原理的短暂复苏已经引起的这些忧虑，必然导致使实证哲学便于兴起。它是今后可能提供系统信念的唯一源泉，足以抑制迫在眉睫的谬误。而神学信仰，面对这些谬误，许久以来再也提供不出任何真正管用的东西。因此，举例来说，在下届的国民议会中，将会就革命口号的问题引起两派爆发重大争论；一派是刚刚重新确立的革命方式的拥护者，另一派是在垮台的制度下出自中产阶级出众的本能而自发接受的临时口号的拥护者。这场无法避免的斗争自然可使实证主义协会有希望争取一致认可它自身的口号（秩序与进步）。这一口号肯定符合未来社会的真正性质，因为它预示着人类两种普遍需要的根本协调，而这一协调既是政治上的也是哲学上的。同时，工业上的严重困难又将为新社会提供许多决定性的机会，促使劳动者和雇主都深深感到：这种大家渴望建立的纪律，多么依赖精神上的真正重建；唯有精神上的重建能够确立可以规范秩序的原则以及开明而又公正的权威，后者能够明智地将原则运用到每次冲突中去。而形而上学则倾向于以法律手段规定主要应该由良好风尚来调节的事情，这种倾向将会使工业上的困难日益加深。

至于有关进步的方面，我们尚缺乏最后的基本保证来完成最终改革所必不可少的讨论自由，同时把切合书面表达的正当独立性恰如其分地推广到口头表达中去。不过，今天唯有实证协会能够以其充分信念所激发的不知疲倦的力量，去要求从法律上承认教育自由与结社自由所必需的条件；而这种自由，难能可贵的二月

动荡[1]已自发地提供过。现在的其他所有学派都或多或少不愿接受全面检验，它们的理论可能承受不了。

这里不必详细列举其他方面的应用，人们一般都理解：本协会将有效地使其普遍通用的学说介入我们混乱精神状态自发发展所出现的一切决定性场合，从而表达对真正社会原则的需要，这些原则能够为判断与行为提供坚实的基础。虽然局势似乎有利于任何的乌托邦并令其可以在理论上自由发挥，但这样一来，也使之失去因压制性的严禁而形成的意想不到的吸引力以及对远景的自然幻想。把这种思想置于现实面前，在不存偏见的公众看来，再也经不住理性的检验，而唯有新哲学能够使之恰当地接受理性的检查。

实证协会根据自己的目标将履行它的精神使命，不仅通过其内部讨论，而且通过文字材料、公开演说以及向国民议会或中央政府的系统请愿等去履行自己的职责，总而言之就是通过所有能够产生理论影响与咨询影响的方式，而避免任何实际干预。协会在取得足够的进展与重要地位之前，将继续于每周星期天晚上在我家举行会议，从七点整至十点。但是，正如雅各宾党人所感受的那样，今后只有公开进行的事情才能收效；协会的经常性会议受到安静出席的自由听众认可，只有在这个时候，协会的职能才会取得充分的成效。协会将完成真正精神重建的准备工作，在自己内部通过公开纪念的普遍制度来建立对人类的最高崇拜；唯有这样，它的健康的历史理论才可以前后一贯地扩展到人类发展的所有阶段。

---

① 指法国 1848 年推翻七月王朝、建立第二共和国的革命，史称“二月革命”。——译注

为了确保实证协会必须的成分一致，我仍然将是判断一切申请入会者的智慧和品德的唯一鉴别者。不过，虽然会员的数目不应受限制，但也必须特别保证彼此间的和睦关系。因此，我所选择的每个新成员都将交由老会员认可才接纳。

上面的阐述清楚地表明：充分赞同普遍的实证主义精神是必不可少的首要条件。那些真正想参加新协会而又尚未研究过本人长篇论著的人，起码也应该完全采纳《论实证精神》；我于四年前出版该书，为的是扼要说明实证主义的特点；他们也应接受题为《实证哲学》的优秀小册子，该书于一年后由利特雷[①]先生印行，谈的是我的奠基著作。谁不完全同意本小书的五个基本结论，那就不必参加本协会，起码不要立刻参加。再者，我即将发表《实证主义总体论》，该书可使接受入会考验的人免于长时间地艰辛研读不易为目前大多数读者明了的专著。

今后所有愿意将自己的一生真正奉献给人类神圣事业的哲学家都应该有步骤地放弃一切所谓政治立场。甚至放弃其同胞出于直接信赖而向其建议采取的立场。我以他们的名义，也以自己的名义最近在一个关键场合宣布这一庄严的承诺；这是深入内心的信念的必然结果；二十余年来我抱着这种信念熟悉了两种基本力量持续分开的主要条件，从中我看到现代健康政治的基本原则。然而，显然易见的是，任何此类放弃立场的行为，都绝不会强迫实证协会的大多数成员去做，因为这直接违背本协会的总目标：普遍

① 法国哲学家、语文学家、政治家（1801—1881），是著名的《法语词典》的编者，曾是孔德的弟子。——译注

推行新哲学。会员们的目的不是去建立一种学说(它已经存在),也不是去发展它或完善它,而仅仅是通过在事件自然进程中予以持续、专门的运用而使之发扬光大;这些成员将不加区别地来自目前的所有阶层。绝大多数会员理应来自从业阶级,尤其是崇高的法国工人阶级,他们从感情上或从理智上都倾向于随时履行这一使命。在我们的实证主义集会中,他们并不会忘记自己的实践本性;他们参加会议定期训练自己的精神力量和道德力量,以便更好地完成各种公共职责,使实证主义的基本精神到处深入人心。

如上所述,实证协会的基本功能扩展至西方世界范围;据此,协会的成员决不仅仅限于法国人。它的会员可以是构成人类前卫的五大国民之一的一员,甚至可以是由于近代殖民化而走到前台的民族的成员。然而,协会主要的活动目前应在法国进行,况且法国是这个大家庭的当然中心;我将始终注意在协会中保持法国人居于多数的地位。与其在总会中接纳许多其他西方人,倒不如通过在西方的各大首都逐步成立分会以扩大自己的领地,这正如在法国各大城市成立分会一样。这样一来,巴黎的中心就可以轻而易举地在各地扩大自己的系统影响,而本身也接受一切与自己宗旨相符的局部的回应。

我刚勾勒其性质与目标的协会将始终以其与坚强的前辈的天然联系而感到自豪,他们曾有效地促进这一事业的初步成功。在其时代与形势许可的情况下,雅各宾党人面向我们光荣的共和国议会,自动地履行精神权威的职责,充实革命政府的出色机构(还不大为人赏识)。今天为了指导以建设的方式结束革命,实证主义者正与新的地方或中央的世俗政权一道履行同样的职责;世俗政权的使命必然是临时性的，当智慧和道德的权威存在空缺的时候，它的使命就在于确保世俗秩序。

雅各宾党人胜于我们的地方是应用一种原先已被接受的学说，这使他们不必进行大量关于原理的讨论。虽则如此，但我们的学说以其明显的确定性以及包容一切的能力弥补自己的新异和艰深之不足。它以恰如其分的全部力量履行所谓革命精神还坚持的那种社会职责，而却不受任何无政府主义倾向的影响；由此，革命精神消退也不会有什么危险。上述两种学说都十分符合其自身的主旨，这主旨一方面是批判性的，另一方面是建设性的，我认为可以肯定地说：今天几乎全部雅各宾党人都会成为热心的实证主义者。

尽管彼此的见解千差万别，但实质上全都以符合于时代与形势的方式追求同一目标。哲学上的主要差别存在于因最初震动而致的反历史精神之中；在动荡中，人类为了有力地摆脱旧制度，必然受一种对过去的盲目仇恨所推动；而相反，今后的主导精神应该是带有深深的历史性的，既是为了给过去一个公正的评价(这对于我们的全面解放是必不可少的)，也是为了把我们的未来建筑在唯一的坚实基础上，同时总是将未来同人类整个发展联系起来；人类发展受到这么一种理论的重视，这种理论在革命初期是不可能成功也是不合时宜的。

奥古斯特·孔德

《实证哲学教程》的作者

于 Monsieur-le-Prince 街 10 号

1848 年 3 月 8 日，星期三

于巴黎

四　细木工匠法比安·马尼安的演说词

纪念奥古斯特·孔德逝世二十一周年

（1878年9月5日）

曾经有幸认识奥古斯特·孔德的实证主义者愈来愈少了。正因为这样，我想，谈谈我们所见的关于这位伟大哲学家最初与巴黎工人阶级直接联系的情况是很有好处的。

临近1840年，圣西门主义者放弃宣传自己的学说之后，为了达到占有财富的目的，搅乱整个社会的和谐；这时候，有两种学说来取代那些关心社会问题的活跃人士的脑海中的圣西门主义。一种是傅立叶主义，它毫不费劲地占据了大多数资产者和若干无产者的心灵；另一种是不同形式的共产主义，尤其是伊加利亚共产主义，它从无产阶级精英的最忠诚分子中吸收成员。

1848年以前，这两个学派一直并行发展着；1848年，反动派利用了两种学说之不足，最后两个学派都只好移往国外，迁到美洲去了，造成共和党的重大损失。

不过，那些看到我刚才提及的两个学派诞生、壮大的积极的无产者，其中相当数量的人不愿意追随傅立叶学说，认为该学说太注意发展个性。同时，他们认为，也不应当追随共产主义学说，觉得共产主义学说对于尊严所必需的独立性重视不够。这一部分人等待着事情弄清楚才作最后决定，他们致力于学习，不愿浪费时间。

大体来说，这就是无产者最活跃部分的思想状态。这也是我所属的一个无产者小组的特定状况。我们一起去听工艺博物馆的各门功课，我们不断要求开天文学的课程；在那个出色机构的科目中，似乎正缺乏天文课。

正在这种情况下，约于 1843 年的 4 月末，由于一个幸运的意外（我会在别处来谈，虽然这本身只具有次要的意义），皮埃尔·比松先生——打金箔工人，住在盖梅内死胡同——对我们说：他发现了综合工科学院的奥古斯特·孔德先生（《实证哲学教程》的作者）每星期天中午在第三区区府免费讲授大众天文学。我们当中有几个人立刻去上这门课程。1843 年 5 月的第三个星期日，七名无产者一行在第三区区府的婚礼厅的前几排略靠教师左边的座位就座；当时婚礼厅坐落在佩梯-佩尔旧修道院内，靠近维多利亚圣母教堂。

在此之前，奥古斯特·孔德只单独和三名无产者保持哲学上的直接联系。我想，一名是裁缝匠，另一名是印刷工，第三名是钟表匠。后者就是弗朗塞尔，后来成了实证主义协会的成员，而第一位已按我们的仪式举行婚礼。

至于奥古斯特·孔德的听众，主要由有点学识或文化的资产者组成，他们对宣传孔德的学说不大热心。不过有几个人看来倒富于同情心，其中一名英国人及其女儿似乎热情地接受这位哲学家的思想。另一些人则感到奇怪：为什么奥古斯特·孔德教授天文课而不直接传授新哲学。但他们的担心毫无根据，奥古斯特·孔德并没有选错方法。他清楚地知道，天文学是伟大的动力，它在改造民众意识的同时，使之达到我们所见的理性状态；孔德也知道，我们所享有的主要进步，其基础是向民众传播天文学的普遍原则；天文学使每个人头脑中处于萌芽状态的理论能力得以充分发挥。总而言之，孔德清楚地了解：天文学是最佳的方法，可以在善于抽象思维的人士中识别那些能够确实处理社会学与论理学的难题的人，还可以从其中分辨出那些相当谦逊、也相当坚强的人，他们强制自己只承认已被准确认识的事物。而这方面，正与神学及形而上学的信徒的倾向相反，他们随时不断搅乱所有真实概念，尤其是去肯定他们自己知之最少的东西。孔德不是那种因几句不负责任的话便改变自己目标的人，也不会因为在他周围组织沉默的阴谋而变化。他用语安详而坦率，什么也改变不了。

他富于感染力的热情而准确的语词引起我们的惊奇，而同时又带给我们以希望。当我们听着他讲话的时候，惊讶和希望依次从我们的脸上浮现出来；这时，奥古斯特·孔德很快就晓得，他的听众中来了新人。不是我们自以为了不起，我们觉得，他对我们来听讲十分重视，我们经常听到他在课中插进一些我们完全能了解的关于道德问题和社会问题的见解。不管怎样，我们益发留心听讲。我们小小的队伍几乎增加了一倍人。

为了结束最后一堂课，奥古斯特·孔德扼要归纳他所从事的整个工作，他在快速的即兴讲话中，给我们展示了整个实证主义、它的全部效果及其所有行动方法；总而言之，这时候我们感到，听众中最活跃的部分，深受打动，看来已完全赞同新学说。就我们来说，描述当时情况的话就是："有这么一个人，有这么一个纲领，我们得救了。"

的确，如果说孔德对我们的勤奋动机没有看错的话，我们对于自己有幸会晤的这位人士的重要价值也没有弄错。我们还不是实证主义者，但我们晓得，他是共和派人士；他对每个问题都作出肯定回答；他的信念不可动摇；他一直致力完成自己的事业，死而后已。事实证明，我们的预料完全准确。

1844 年，天文课之前安排四次预备课，分开印刷，题为《论实证精神》，该文也见于同一年出版的《大众天文学哲学专论》中。

1845 年，这同一门天文学课设有五次或六次预备讲座，讲述哲学、政治、社会问题，材料没有发表。课程也像通常那样取得成功；听众人数明显增加，但还不如我们所希望的那样多。

在头三年期间，我们对孔德及其事业的谢忱和赞赏只通过我们的面容和鼓掌所能表达的程度表现出来。但 1845 年这一年课程结束时，我们像往常课后那样在附近的小酒馆聚会交流思想，这时阿尔方斯·达耳什先生（他来自若阿尔，属塞纳—马恩省）提议，大家集体去孔德家里，感谢他的教育所提供的社会的和个人的服务。这个建议被接受了。第二个星期天，我们当中的二十余人都参加了约会。可惜的是，我们没有了解清楚孔德的住址，花了三个钟头还没找着；这段时间，小小的队伍慢慢地散了。当我们到达王子老爷大街的时候，大约四点钟的光景，我们只剩下了八个人。下面就是这八位听众的名字：达尔什、比松、菲利、勒费弗尔、吉尔贝、格罗—让、西蒙、马尼安。

奥古斯特·孔德接待我们十分热情，对我们的举动深受感动。我们跟他作了饶有趣味的长时间交谈。当我们告别时，他赠给我们每人一本《论实证精神》。打从那一天起，孔德与无产者，尤其是与巴黎的无产者便经常保持直接的联系。

约于1846年1月初，我们告诉孔德，我们计划自费印刷关于他的课程的小广告，往所有车间散发。他赞同我们的计划，就这样，我们招来相当数量的无产者来听课，其中一些人最后完全相信了新学派。

……………………………

1846年，天文课之前安排八次哲学讲座，作为科学阐述的初阶，也作为实证政治阐释的预备。就在其中一次讲座中，奥古斯特·孔德不得不高度评价拿破仑一世对其时代的政治事件的必然影响，同时他说明，最好是赞颂那位无与伦比的女英雄，而不必要高捧这个男子汉；前者曾经凭自己的忠诚挽救了法兰西，后者不过是利己主义的最佳化身而已。他说："我希望，颂扬贞德的公开活动不久将冲淡对拿破仑的可耻神化。"这句话还未落音，全场各个角落便响起了热烈的掌声。带头鼓掌的是一名无产者，年纪不轻，在巴黎从事机械师助理之职；他就是格罗—让先生，曾是英国船上的战俘。

这种鼓掌，今天谁也不会感到惊奇，可那时却具有重要的现实意义。抨击仍然十分高涨的沙文主义并非易事，它的影响使人无法恰如其分地评价那个要命的冒险家；他曾企图扼杀革命并已危及法国的前途。

孔德离开讲座时说："我的听众比我设想的先进得多。我原先预料会引起窃窃议论声。"

课程结束时，我们再次访问大师，表示感谢。只要他的讲授继续进行，这事每年都如此。慢慢地，其他听众也来参加我们这项活动。同样性质的年度访问，自 1849 年 1 月 1 日起，就都在元旦那天进行；自此，对这位新精神领袖的访问便一直继续下去。

1847 年，有十二次预备课，1848 年印出，题为《实证主义总体论》，1851 年重印，题为《绪论》，列于《实证政治》的第一卷之首。

约于二月革命前一年，在十二次课的当中一次，奥古斯特・孔德阐述关于过渡政府的设想，预料到共和国的重建。如果这个设想被 1848 年的政治家所采纳，那么我们肯定会保住共和国，避免帝国及其灾难性后果的出现。

1848 年 1 月 30 日，奥古斯特・孔德设立关于人类通史的哲学课。

至于这难忘的一年所发生的其他事件，来自四面八方各种性质的不同说法的资料多得很，我只用几句话说明一下：在许多方面，这些事件对实证主义有利，而在某些方面也是对其不利的。首先，我们不得不注意到，对孔德及其事业所保持的沉默阴谋进一步加强，勾结在一起的知识界几乎完全剥夺了孔德的谋生手段。就在这时候设立了实证主义者津贴金，其用途、组织及进展情况已在有关的年度通报中提及。这项公开倡议由利特雷先生发起，不过，同一天，一名来自圣皮埃尔—莱斯加来的工人也在无产者的小组中提出相同的建议；他就是路易—约瑟夫・密捻先生，机械工，当时住在巴黎。

我们的物质帮助成效不大，因为反动派及政变的威胁已几乎使我们丧失生存的手段。而奥古斯特・孔德不仅需要物质帮助，而且需要有人关怀，有人去听讲；他应该了解情况，而且也要能够表达他的看法。为此，他于 1848 年 3 月 8 日建立了现时仍存在的实证协会。虽然困难日增，我们还是尽可能参加协会的所有集会，为的是去见我们的大师。

……………………………

1849 年，奥古斯特·孔德重开他的关于人类通史的哲学课。比诺先生当时是市政工程部部长，正是他为此事将王宫的一个大厅交给孔德使用。然而，虽然比诺先生好意有加，还是不能令孔德继续使用此大厅至课程完全结束为止。最后的课是在王子老爷大街第 10 号孔德的私邸里完成的。

随后几年，仍在同一大厅里讲授同样的课程，也同样受到意外的临时打断。

奥古斯特·孔德就在该处把这种教育发展到非同寻常的广度，不过并没有吓跑他的听众，因为他们都专心、善意地听讲，讲座长达四至五小时，有时甚至更长，中间只休息一刻钟。

他这种坚定、高尚的语言，诉诸聪慧而忠诚的民众，能够产生巨大的效果；但这行将指导和协调现实生活一切行为的大量真理，却不能长久适应一个来自于夜间政变的疑忌重重的政府。

自 1851 年起，奥古斯特·孔德的口头讲授即被取消。幸而，他能写东西，而且都可以自由出版，没有受到任何障碍。

五　奥古斯特·孔德致克洛蒂尔德·德·沃的信函摘要

(在1845年7月20日的一封信中,克洛蒂尔德·德·沃告诉孔德说:《国民报》社长马拉斯特请她常年撰稿。克洛蒂尔德要负责“星期二或星期三的专栏,专门回顾有关教育方面的著述及出版物,既涉及宗教与非宗教教育,还特别涉及妇女教育。”1845年7月22日,孔德给她回了信,劝她不要接受《国民报》的建议,因为教育的“庞大主题”不可能在报纸上作有效的论述。这封信,写于《论实证精神》发表的一年之后,表明孔德对教育问题的兴趣,这正是《论实证精神》主要关心的问题。)

1845年7月22日星期二傍晚5时

……“至于那个委托您对某种教育(起码是妇女教育)的批评职责的主要计划,经过考虑,我确实无法赞同。因为,如果说这项任务今天不大适宜于妇女的话,我认为,归根结底是:一个明理的人对这一庞大主题如无相当明确的原则,就应拒绝此职责。

“目前的报界无视任何真正的智慧准则,常常冒冒失失地去谈论一切令人感兴趣的问题,就像上流社会人物的日常谈话那样缺乏见识;也就是说,几乎完全不分辨何者可以真正做到,何者为时过早,甚或不切实际,也不区分何者已经容许日报的部分介入,何者还应该要作相当长时间的系统酝酿准备。没有任何主题要比教育的重大问题更用得着这一意见;迄今为止,连在大部头的著作中，教育问题也肯定考虑不多，甚至处理不当，因而通常不可能把它介绍到任何报纸上，尤其是日报上。

“就基础方面考虑，按其性质而言，教育一向是对人类进行精神管理的整个总的制度的主要运用。今天，没有任何类似的制度真正居于支配的地位，因此只要这种有害空缺存在下去，就不可能有任何的规范教育。直至目前为止，宗教教育尽管非常落后，但仍是唯一保持着严密一致的教育，虽然其精神影响不佳，其道德作用无效；一旦与世界不可避免的接触动摇了勉强信仰的脆弱基础，这就会随即导致实际上的恶性道德败坏。人们所称的世俗教育，无非是一种形而上学—文学的粉饰，到处涂上薄薄的科学颜料，抹在古老的神学背景之上，它稍微改变一下其智慧的性质，但却损害其道德倾向。因此，只有在新哲学充分确立人类观念真正持久的体系时，才能真正谈得上改革公立教育或私立教育的问题。我自己毕生致力于这一基础事业，我认为今天立刻着手处理教育问题还为时过早。虽然这应该是本人庞大著述之末的四部著作之一的固有主题，但我认为，只有完成目前我所从事的题目之后才能开始研究它。现在人们却试图把这种讨论介绍到目前的报纸上，您可以判断，这是多么要不得的轻率。

“再者，如果您从教育的一般发展进程来考虑，那么它整个实证理论自然建筑在这一基础原则之上，即：个体教育（不论是自发的或是一定程度系统化的）必然在其次第连续的重大阶段，仿效群体的教育，在感情上如此，在思想上也是如此。然而，根据这一无可置疑的原则，只要人类的普遍进化并未充分达到真正史学理论的地步，那么任何全面教育的计划都无法周密设想，因此您看，报

界能够适当着手此种讨论之前，我们处于何种的境地。

“因此，今天举凡有识之士都应把这个重大课题视为基本上是早产儿，无论基础方面或计划方面都是如此。目前一切重大努力都应集中于哲学的系统化上，它应该可以指引这个庞大的设计工作。在这方面，现时的整个吸引力只限于单纯批评现在。然而这种批评，不是缺乏建设意图便是固守非常模糊的改革观念（二者几乎一样），就其基本方面，它早已由我们伏尔泰主义的先驱者们完成了。您还要滚进这个枯竭的循环圈之中而又走不出来，从中您会找到什么乐趣呢？人们就此主题所能探索的一切真正有意义的东西，是将对历史的正确评价所作的这种事前批判的整体与现状结合起来，也就是说，在于详细考察我方才大体指出的要点：如不首先确立真正持久的哲学，就不可能办好任何教育，必须将力量由此转向这个全面的基础。但是，这一重要关联性只可以供人们写五六篇重头文章，而不能供每周写作。除此之外，您只好回到上一世纪单纯的否定主义路上去。因此，只要您一旦有可能，就把一切无用而又令人厌烦的、变成机械式翻版的伏尔泰主义留给那古怪的家庭女教师吧，她昨天还当着我们的面大谈家庭生活的枯燥无味……”

图书在版编目(CIP)数据

论实证精神/(法)奥古斯特·孔德著;黄建华译.—北京:商务印书馆,2024
(汉译世界学术名著丛书:120年纪念版:珍藏本:增订本)
ISBN 978-7-100-23741-3

Ⅰ.①论… Ⅱ.①奥…②黄… Ⅲ.①实证主义—法国 Ⅳ.①B082②B565.42

中国国家版本馆 CIP 数据核字(2024)第 077604 号

汉译世界学术名著丛书
(120 年纪念版·珍藏本·增订本)
论实证精神
〔法〕奥古斯特·孔德 著
黄建华 译

商 务 印 书 馆 出 版
(北京王府井大街 36 号 邮政编码 100710)
商 务 印 书 馆 发 行
北京市十月印刷有限公司印刷
ISBN 978-7-100-23741-3

2024 年 5 月第 1 版 开本 710×1000 1/16
2024 年 5 月北京第 1 次印刷 印张 7¼
定价:38.00 元